August Western

Englische Lautlehre für Studierende und Lehrer

August Western

Englische Lautlehre für Studierende und Lehrer

ISBN/EAN: 9783743314979

Hergestellt in Europa, USA, Kanada, Australien, Japan

Cover: Foto ©Paul-Georg Meister /pixelio.de

Manufactured and distributed by brebook publishing software
(www.brebook.com)

August Western

Englische Lautlehre für Studierende und Lehrer

Englische Lautlehre

für

Studierende und Lehrer.

Von

Aug. Western,

Lehrer an der höheren Schule zu Fredriksstad.

Vom Verfasser selbst besorgte deutsche Ausgabe.

Heilbronn
Verlag von Gebr. Henninger.
1885.

Vorwort.

Aus dem Vorworte zum norwegischen Orginal erlaube ich mir Folgendes hieherzusetzen:

„Die vorliegende Arbeit ist ein Versuch, das heutige englische Lautsystem nach streng phonetischen Principien darzustellen, d. h. in der Weise, wie es faktisch ist, nicht wie es nach der Meinung einzelner sein sollte. Die Frage, ob mir diese Aufgabe gelungen, wird daher dieselbe wie die Frage, ob ich im Stande gewesen, die englischen Laute, wie sie faktisch sind, aufzufassen. Diese Frage zu beantworten, ist natürlich nicht meine Sache: nur werde ich mir hier erlauben mein Verfahren zu erklären. Nachdem ich zu Hause die englische Aussprache studiert, sowohl praktisch in der Ausdehnung, wie es mir möglich war, als theoretisch, besonders nach den Werken Henry Sweet's[1]), wendete ich mich der Aussprache in ihrer eigenen Heimat zu und hatte dabei das grosse Glück, meine Studien unter der persönlichen Leitung Sweet's betreiben zu können (im Herbst und Winter 1880—81). Wo nun meine

---

[1, A History of English Sounds und A Handbook of Phonetics.

wesentlich theoretisch gewonnenen Resultate mit den praktischen
Erfahrungen, die ich in England machte, zusammenfielen,
hielt ich mich für berechtigt zu glauben, das Rechte getroffen
zu haben, jedenfalls ihm so nahe gekommen zu sein, wie es
einem Ausländer möglich ist. Es freut mich hinzufügen zu
können, dass dies für die meisten Laute der Fall war. Wo
mein eigenes Ohr nicht ausreichte, hielt ich es für ratsam, den
nach meiner Meinung grössten Autoritäten auf diesem Gebiete
zu folgen, nämlich Mr. Sweet und Herrn Prof. Joh. Storm,
welchen Herren ich nicht genug danken kann, ersterem für das
ausserordentliche Wohlwollen, das er mir während meines
Aufenthaltes in London und stets später bewiesen hat, letzterem
für das grosse Interesse, welches er sowohl der vorliegenden
Arbeit, als meinen phonetischen Studien im Allgemeinen zuge-
wandt hat.

Wie man also sieht, habe ich kein bestimmtes Wörterbuch
der Aussprache — wie es gewöhnlich geschieht — meiner
Darstellung zu Grunde gelegt: ich habe mich im Ganzen sehr
wenig um die Wörterbücher bekümmert, da diese in der Regel
nicht dasselbe Princip wie ich befolgen — die wahre Gestalt
der Wörter in natürlicher Rede zu zeigen, sondern im Gegen-
teil darlegen, wie die Wörter nach der Meinung des Verfassers
isolirt lauten sollten. Angaben, die ziemlich wertlos sind, sowohl in praktischer wie in wissenschaftlicher Hinsicht. Dieses
Urteil trifft besonders ihre Darstellung der unbetonten Vokallaute, für welchen Punkt ich selbst um eine milde Beurteilung
ersuchen muss. In der Hauptsache habe ich wohl Sweet
folgen können, in den Details aber bin ich ganz ohne Vor-
arbeiten gewesen." —

Die vorliegende deutsche Bearbeitung dieses Buches weicht in einigen Punkten von der Originalausgabe ab. So habe ich hier eine kleine Modifikation des Bell-Sweet'schen Vokalsystemes versucht, in Bezug worauf ich jedoch den Leser auf das, was ich im Nachtrag weiter entwickelt habe, verweisen muss. Ein neues Kapitel über Quantität und Silbentrennung, ist hinzugekommen. Die Wortlisten im zweiten Abschnitte sind einer durchgehenden Revision unterzogen worden, indem ich es mir so viel als möglich zur Regel gemacht, nur solche Wörter aufzunehmen, die im heutigen Englisch wirklich leben, und daher nicht wenige Wörter ausgelassen habe, die im norwegischen Original aufgeführt sind. Gelehrte und fremde Wörter sowie Eigennamen sind daher den Wortlisten entzogen und in Anhängen behandelt worden. Endlich habe ich ein alphabetisches Register über alle im Buche enthaltenen Wörter hinzugefügt.

Ich bedaure sehr, dass ich meine Bearbeitung schon vollendet hatte, als ich auf die neueren Arbeiten von Victor Elemente der Phonetik etc.), Techmer (in der Internationalen Zeitschrift I, 1) und Trautmann (Die Sprachlaute etc.) aufmerksam gemacht wurde. Da besonders die beiden letzteren sich gegen das Bell-Sweet'sche Vokalsystem oppositionell stellen, musste ich mein Kapitel über die Vokale einer Umarbeitung unterwerfen, im übrigen aber mich damit begnügen, auf die genannten Werke zu verweisen.

Zum Schluss sei es mir erlaubt, Herrn Prof. W. Victor in Marburg recht herzlichen Dank zu sagen. Derselbe hat nicht nur mein deutsches Manuscript durchgesehen und es in sprachlicher Hinsicht verbessert, sondern auch eine Korrektur ge-

lesen und mir dabei eine Menge von vortrefflichen Bemer-
kungen zugehen lassen, deren Bedeutung für das Buch zu
schätzen nur ich völlig im Stande bin.

Eine kleinere Ausgabe für Schulen unter dem Titel „Kurze
Darstellung der englischen Aussprache" wird gleichzeitig mit
diesem Buche erscheinen.

Fredriksstad Norwegen im Juli 1885.

Aug. Western.

Inhaltsverzeichniss.

Vokalverbindungen.

Zweite Abteilung: In unbetonter Silbe.

Die Konsonanten.

Einleitung.

Allgemeineres.

§ 1. Je nach der verschiedenen Thätigkeit des Kehlkopfes während der Erzeugung der einzelnen Sprachlaute teilt man diese zunächst in Stimmtonlaute, tonlose Laute und Flüsterlaute ein. (Vgl. Sievers § 4, 3; Victor § 10.)

§ 2. Bei den Stimmtonlauten oder kürzer Stimmlauten, sind die Stimmbänder in die Stellung gebracht, dass der durchgehende Luftstrom sie in Vibration versetzt, wodurch ein Klang oder Ton hervorgebracht wird; dieser Ton ist allen Stimmlauten gemein, während der verschiedene Eindruck, den sie auf das Ohr machen, und wodurch wir z. B. ein *a* von einem *e* unterscheiden können, auf der Modifikation beruht, die der aus dem Kehlkopfe kommende Ton in dem Mundkanal oder Ansatzrohre erleidet. Beispiele stimmhafter Laute sind zunächst alle Vokale, dann die sogenannten weichen Konsonanten, wie *b, d, g, v*. Davon, dass diese Laute mit dem Stimmton ausgesprochen werden, kann man sich leicht überzeugen bei der Berührung des Kehlkopfes während der Bildung derselben; man wird deutlich die Vibration mit den Fingern fühlen können. Das abwechselnde Einsetzen und Verschwinden des Stimmtons tritt besonders hervor, wenn man einen Vokal mit einem harten Konsonanten wiederholt ausspricht, wie *sasasasa*. (Vgl. Sievers § 3, Anm. 1).

§ 3. Wenn man einen Laut wie *s* ausspricht, so findet man bei der oben angegebenen Probe, dass der Kehlkopf bei der Erzeugung desselben ganz unwirksam ist, und dass der Laut im Munde selbst entsteht durch die Friktion, welche bei dem Ausströmen der Luft zwischen der Zungenspitze und den Zähnen hervorgerufen wird. Die Stimmritze ist dabei so weit geöffnet, dass die Luft ungehindert passieren kann. Die Laute, welche auf diese Weise, ohne Beimischung des Stimmtons, erzeugt werden, nennt man tonlose Laute; Beispiele sind die sogenannten harten Konsonanten, wie *p*, *t*, *k*, *f*. —

§ 4. Es ist auch möglich eine Friktion in der Stimmritze selbst hervorzubringen, wenn nämlich die Stimmbänder einander so sehr genähert werden, dass sie die Luft nicht mehr ganz ungehindert ausströmen lassen, aber auch nicht genug, um in Vibration versetzt zu werden (vgl. Victor Fig. 5, § 10). Die Laute, welche bei diesem Zustand des Kehlkopfes erzeugt werden, nennt man Flüsterlaute; sie kommen selten als selbständiger Teil einer Lautgruppe vor, sind aber häufig in der gewöhnlichen geflüsterten Rede. Doch sind nicht alle beim gewöhnlichen Flüstern vorkommende Laute «phonetische» Flüsterlaute; wenn man in der gewöhnlichen Rede einen tonlosen Laut wie *s* flüstert, so geschieht dies nur dadurch, dass man die Stärke des Expirationsstromes schwächt und so die Friktion im Munde herabsetzt; flüstert man dagegen einen stimmhaften Laut wie *a*, so fühlt man deutlich anstatt des gewöhnlichen Stimmtons eine Friktion im Kehlkopf. Es sind nur Laute der letzteren Art, die in der Phonetik als Flüsterlaute bezeichnet werden. Da die Flüsterlaute und die tonlosen Laute beide den Verlust des Stimmtons gemein haben, so bezeichne ich beide Arten, wenn kein anderes Zeichen vorhanden ist, durch untergesetztes ˳, z. B. *a*, *r*. — Über die verschiedenen Grade des Flüsterns siehe Sievers S. 22.

§ 5. Wir haben bisher die Sprachlaute nach der Thätigkeit des Kehlkopfes untersucht und sie demnach in Stimmlaute, tonlose Laute und Flüsterlaute eingeteilt. Es ist aber auch eine andere Einteilung möglich, je nachdem zu der Thätigkeit des Kehlkopfes auch die Wirksamkeit des Ansatzrohres kommt. — Vergleicht man die Laute *a* und *v*, so findet man, dass sie beide den Stimmton haben und demnach beide Stimmtonlaute sind; zum letzteren kommt aber zugleich ein im Munde selbst durch die Friktion zwischen der Unterlippe und den Oberzähnen erzeugtes Geräusch, während beim *a* ein solches ganz fehlt. Alle Laute, welche wie *a* ohne

Geräusch, nur mit dem durch die Form des Ansatzrohres
modificierten Stimmton gebildet werden, nennt man sonore
oder reine Stimmtonlaute; hierzu gehören zunächst alle
Vokale, dann auch zum Teil die sogenannten Liquiden *l*, *m*,
n, *r*; die Laute dagegen, die ihren eigentlichen Charakter
durch das im Munde erzeugte Geräusch bekommen, heissen
Geräuschlaute: je nachdem hierbei die Stimme mitklingt
oder nicht, nennt man sie tönende Geräuschlaute, wie *b*, *d*,
g, *v*. oder tonlose Geräuschlaute, wie *p*. *t*, *k*, *f*. (Vgl.
Sievers § 6.)

Die Vokale.

§ 6. Das System, das ich bei meiner Besprechung der
Vokale zu Grunde lege, ist in seinen Grundzügen das sogenannte Bell-Sweet'sche, jedoch mit einer Erweiterung derselben. Trotz der heftigen Angriffe[1], welche in Deutschland
gegen dies System gerichtet worden sind, wage ich noch zu
glauben, dass es in seinen Grundzügen ebenso praktisch wie
die verschiedenen deutschen ist, und dass Sievers doch nicht
so ganz unrecht gehabt, wenn er es als «das vollkommenste
aller bisher aufgestellten Systeme» bezeichnet. Doch gibt ja
auch Sievers zu, dass es «in seiner praktischen Anwendung
noch eine weitere feinere Ausbildung» verlangt. Einen Bei-
trag zu dieser weiteren Ausbildung werde ich im Folgenden
zu geben versuchen.

---

1) Von den Gegnern des Systems hat sich wohl Niemand so deutlich
ausgesprochen wie Dr. M. Trautmann (in Artikeln in der Anglia und
besonders in seinem Buche Die Sprachlaute etc.), der seine Meinung
in den Worten zusammenfasst: «so lange Bell und seine Freunde ihre
Vokale nicht auch nach den Tonhöhen bestimmen, kann ihr System für
die strenge Wissenschaft überhaupt nicht in Betracht kommen.» — Ganz
abgesehen davon, dass das Bell'sche System von anerkannten Forschern
wie Storm und Sievers angenommen und daher für die «strenge Wissenschaft» wohl schon in Betracht gekommen ist, möchte man fragen, ob ein
solches Urteil auch mit den Forderungen derselben strengen Wissenschaft
vereinbar sei. — Oder sollen die Worte bedeuten, dass nur Trautmann
und seine Freunde die «strenge Wissenschaft» erobert haben, und dass
jedes von dem ihrigen abweichende System eo ipso unwissenschaftlich ist?
In seiner Besprechung der «Phonetik» von Sievers (Anglia IV, Anz.
S. 66) findet dann Trautmann ganz konsequent den Abschnitt über die
Vokale «ohne allen Wert». Schade um alle diejenigen, die aus dem
Sievers'schen Buche, sowie aus den Werken der englischen Phonetiker
etwas gelernt zu haben glauben! Wir müssen wohl alle von vorne anfangen.

§ 7. Ich behalte zuerst aus dem Bell'schen System die
drei Hauptartikulationen der Zunge: die hintere, die gemischte und die vordere. Bei der hinteren Artikulation
ist die Zunge zurückgezogen, die hintere Partie derselben gegen
den weichen Gaumen gehoben und die Spitze niedergedrückt.
Diese Zungenstellung ist allen hinteren Vokalen gemein. —
Bei der vorderen Artikulation dagegen ist die Zunge vorgeschoben in der Weise, dass sich die Spitze gegen die Unter-
zähne stützt und die Vorderzunge sich aufwärts wölbt. Diese
Stellung ist allen vorderen Vokalen gemein. — Zwischen diesen
zwei Stellungen haben wir dann die gemischte, bei welcher
sich sowohl die Hinterzunge wie die Vorderzunge mit der
Zungenspitze hebt. — Während sich Bell mit diesen drei
Artikulationen der Zunge begnügt, meine ich, man müsse noch
eine vierte ansetzen, bei welcher die Zunge ganz platt wie in
der Ruhelage im Munde liegt, ohne dass sich irgend ein Teil
derselben über das Niveau der Zähne erhebt; auch berührt der
Zungensaum rings umher leise die unteren Zähne. Dies ist
die Artikulation für die a-Laute. In diesem Punkte stimme
ich daher mit den deutschen Phonetikern überein; denn in
der heutigen Form des Bell'schen Systemes werden, glaube
ich, die a-Laute keinen Platz finden können.

Anmerkung. Diese Zungenstellungen sind von einander unabhängig
und bilden daher unabhängige Vokal-Gruppen. Für alle Vokale jeder
Gruppe verharrt die Zunge wesentlich unveränderlich in derselben Stellung. Wie offen wir auch einen a- oder æ-Laut aussprechen, so wird
doch die Zunge in ihrer zurückgezogenen resp. vorgeschobenen Stellung
bleiben und geht nicht allmählich in die Artikulationsform für die a-Laute
über. Durch die Ansetzung einer besonderen a-Artikulation bin ich also
nicht zu dem deutschen Dreieck übergegangen und verwerfe daher die
Entwickelungsreihen i-e-æ-a und u-o-å-a der deutschen Systeme. Ich kann
nicht finden, dass z. B. bei der Reihe i-e-æ-a die Zunge sich allmählich
zurückziehe, bis sie endlich die a-Artikulation erreicht hat; selbst wenn
ich das offenste æ ausspreche, ist meine Zunge völlig vorgeschoben und
nimmt die oben beschriebene vordere Stellung ein. So ist auch bei dem
offensten å meine Zunge zurückgezogen und nähert sich nicht der a-Stel-
lung. Ich finde es daher vom physiologisch-genetischen Standpunkt aus
unrichtig, wenn man a als eine weitere Stufe der vorderen und hinteren
Reihen, welche diese zwei Reihen verbindet, ansetzt. Will man die zwei
Reihen i-e-æ und u-o-a fortsetzen, so muss das dadurch geschehen, dass
offnere æ- und å-Laute angesetzt werden. Es kann nichts helfen, dass
diese Reihen in Verbindung mit den a-Lauten zwei Septimenakkorde

bilden; können die Septimenakkorde nicht mit der thatsächlichen Bildung der Laute in Übereinstimmung gebracht werden, so muss man sich darein finden, sie aufzugeben und mit einfachen Dreiklängen zufrieden sein. Wenn daher Techmer Internat. Zeitschr. I, 1, S. 77³, die beste Probe für die Richtigkeit seines Systems darin findet, dass er von dem Standpunkte der Erzeugung der Laute zu einem System gelangt ist, welches seinem akustischen System im Wesentlichen analog ist, so ist dazu zu bemerken, dass diese Übereinstimmung der zwei Systeme nur dadurch erreicht werden kann, dass er von der hinteren Reihe *u-o-â* plötzlich in die mittlere Lage des *a*, und von dieser ebenso plötzlich in die vordere Reihe *æ-e-i* hinüberspringt.

§ 8. Die verschiedenen Artikulationen der Zunge erzeugen also nur verschiedene Gruppen oder Reihen von Vokalen. Der Unterschied zwischen den Vokalen innerhalb derselben Reihe, also z. B. zwischen *i* und *e*, *e* und *æ* u. s. w. beruht dagegen auf der Grösse des Kieferwinkels. Wenn man von *i* zum *e* und weiter zum *æ* geht, behält die Zunge selbst die ganze Zeit dieselbe Form und Hebung: bei dem allmählichen Vergrössern des Kieferwinkels aber wird, da die Zunge den Bewegungen des Unterkiefers folgt, der Abstand zwischen der Zunge und dem Gaumen grösser, woher *i-e-æ* u. s. w. nur als die Haupttypen der verschiedenen Varietäten derselben Vokalgruppe anzusehen sind. — Diese verschiedene Grösse des Kieferwinkels ist jedoch nur für die hintere, die gemischte und die vordere Reihe von Bedeutung. Der Unterschied zwischen den verschiedenen *a*-Lauten beruht nicht auf dem Kieferwinkel, welcher bei allen diesen seine grösste Öffnung hat, sondern auf einer kleinen Vor- oder Zurückschiebung der Zunge. Mit dieser Verschiebung ist jedoch keine Hebung irgend eines Teiles der Zunge verbunden, so dass ein vorgeschobenes *a* nicht in die vordere, ein zurückgezogenes nicht in die hintere Reihe übergeht.

§ 9. Wenn wir für jede der vier Artikulationen der Zunge drei Haupttypen von Vokalen ansetzen, so gewinnen wir also für das Grundschema 12 Vokale, nicht nur 9 wie im Bell'schen System[1]). Jeder dieser Vokale kann durch die Lippenrundung modificiert werden, was in allem 24 Vokale geben würde. Da indessen bei den *a*-Lauten die Lippenrundung

---

1 Ich setze auch drei *a*-Laute an, die wir in frz. *bâche*, d. *Vater*, frz. *madame*, repräsentiert finden.

wohl möglich, aber kaum gebräuchlich ist, scheint es praktisch am besten nur für die drei anderen Reihen gerundete
Parallellaute anzusetzen. — Es gibt also innerhalb jeder dieser
drei Reihen stets zwei Laute, die sowohl Zungenartikulation
als Kieferwinkel gemein haben, von denen aber der eine durch
die Lippenrundung modificiert ist. Es ist daher nur aus akustischen Gründen erlaubt, die gerundete Reihe *u-o-à* der un-
gerundeten vorderen *i-e-œ* gegenüberzustellen. Die Parallele
zu der Reihe *i-e-œ* bildet natürlich die hintere ungerundete
Trautmanns vierte Reihe, während die Reihe *u-o-à* nur
der vorderen gerundeten Reihe *y-o-œ* parallelisiert werden
kann.

§ 10. Wir haben gesehen, dass der Unterschied zwischen
i-e-œ u. s. w., also der verschiedene Öffnungsgrad der Vokale
innerhalb derselben Reihe, auf der Grösse des Kieferwinkels
beruht, während die Zunge selbst in dieser Unterscheidung
eigentlich unbeteiligt ist. In dieser festen Artikulationsform
der Zunge gibt es aber Nüancen, indem die Hebung des betreffenden Teils der Zunge für die ganze Reihe grösser oder
minder sein kann, und auf diesem absoluten Hebungsgrad der
Zunge beruht, glaube ich, die Unterscheidung der Lautnüancen,
welche im englischen System als «narrow» (eng) und «wide»
weit bezeichnet werden. Die Laute in *i*hn und F*i*sch, s*e*hen
und M*e*nsch z. B. haben resp. denselben Kieferwinkel und
daher denselben Öffnungsgrad, aber die Hebung der Zunge
ist für *i*hn und s*e*hen grösser als für F*i*sch und M*e*nsch. Bei
diesem absoluten Hebungsgrad der Zunge gibt es natürlich
mehrere Nüancen und daher auch Mittelstufen zwischen eng
und weit; praktisch wird es aber genügen, wenn man zwei
Hebungen annimmt, von welchen also die höchste allen engen,
die tiefste allen weiten Vokalen gemein ist. — Diese verschiedene Hebung der Zunge beruht natürlich auf der Muskel-
thätigkeit, welche bei der geringeren Hebung schlaffer als bei
der grösseren ist. Diese Schlaffheit zeigt sich jedoch nicht
nur in der Zungenhebung, sondern auch besonders in der
Lippenthätigkeit; man wird leicht finden, dass bei den weiten
Vokalen wie in F*i*sch, M*e*nsch die Lippen schlaffer artikulieren
als bei den engen in *i*hn, s*e*hen.

Anmerkung. Diese Scheidung zwischen eng und weit ist vielleicht der am heftigsten angegriffene Punkt des englischen Systems, indem nicht nur die Gegner, sondern zum Teil auch die Anhänger des Systems sich dieser Scheidung gegenüber skeptisch verhalten (Storm S. 57; Sievers S. 79'. — Nun besteht nach Trautmann (§ 149 ff.) der Hauptfehler der meisten deutschen Systeme darin, dass sie «unharmonisch» sind, indem «Zwischenvokale» (Trautmann § 138) an verschiedenen Stellen eingeschoben sind und dadurch die Harmonie stören. Es ist daher auffällig, dass Trautmann nicht gesehen hat, dass sein eigenes System in Wirklichkeit dem Bell'schen System näher als den deutschen unharmonischen steht; denn Trautmanns Zwischenvokale sind ja nichts anderes als Bells «wide vowels», während die Grundvokale bei Trautmann den «narrow» Vokalen bei Bell entsprechen[1]). Trautmanns erster Reihe (§ 110 entspricht die Reihe back-narrow-round; Trautmanns zweiter Reihe die Reihe front-narrow; der dritten Reihe front-narrow-round und der vierten back-narrow, während wir erst in Trautmanns Zwischenvokalen die «wide vowels» wiederfinden. Eben den Übelstand vieler deutschen Systeme, dass Zwischenvokale in die harmonischen Reihen störend eingeschoben werden, vermeidet ja das Bell'-sche System durch die Scheidung zwischen narrow und wide. Der Grund, weshalb man diese Scheidung nicht hat anerkennen wollen, ist wohl, dass man Sweets Erklärung dieses Phänomens nicht verstanden hat. Auch ich finde Sweets Erklärung ungenügend, halte aber die Scheidung für gut und richtig, wie ich in Trautmanns Unterscheidung von Grund- und Zwischenvokalen einen Vorteil seines Systems den meisten anderen deutschen Systemen gegenüber finde.

§ 11. Bei der Aufstellung unseres Systems müssen nach dem vorhergehenden folgende Faktoren, von denen nur der erste auch für die *a*-Laute gilt, berücksichtigt werden.

1. Die Artikulationsform der Zunge, wonach die Vokale in vier unabhängige Gruppen zerfallen, nämlich:

    hintere — gemischte — vordere — *a*-Laute.

2. Die Grösse des Kieferwinkels; hier unterscheiden wir drei Hauptgrössen:

    kleinste — mittlere — grösste.

3. Die Lippenrundung, wonach die Vokale in gerundete und ungerundete zerfallen.

4. Die absolute Hebung der Zunge, durch welche enge und weite Vokale hervorgebracht werden.

---

1 Ich sehe hier natürlich von den *a*-Lauten ab.

Das Schema nimmt demnach die folgende Gestalt an: ich setze die deutschen Vokale auf ihren Platz ein.

Grösse des Kieferwinkels	Absolute Hebung der Zunge	Hintere		Gemischte		Vordere	
		Gerundete		Gerundete			Gerundete
Kleinste	Enge	ū				i	ǖ
Kleinste	Weite	u				i	ü
Mittlere	Enge	ō	ə			ē	ȫ
Mittlere	Weite	o				e	ö
Grösste	Enge						
Grösste	Weite						

a

Die Konsonanten.

§ 12. Über das Verhältnis zwischen Vokal und Konsonant siehe Sievers § 5, 1.

§ 13. Die Konsonanten erfordern eine zweifache Einteilung, indem sowohl das beteiligte Artikulationsorgan als die Art, in welcher die Artikulation stattfindet, berücksichtigt werden muss.

§ 14. Die Organe, welche zur Bildung der verschiedenen Konsonanten verwendet werden, sind: 1) die Zungenwurzel, die gegen den weichen Gaumen gehoben wird; 2) der Zungenrücken, oder die mittlere Partie der Zunge, die gegen den harten Gaumen artikuliert; 3) die Vorderzunge, bei

welcher wieder drei Teile unterschieden werden müssen: a) die
Spitze. b) das Blatt, d. h. der dicht hinter dem Zungen-
saume gelegene Teil der Zunge, c der ganze vordere Zungensaum; 4 die Lippen, und zwar a) beide Lippen, b) die
Unterlippe mit den Oberzähnen, c) die Lippen in Verbindung mit Hebung der Zungenwurzel. — Hiernach gewinnen
wir für die Konsonanten zunächst folgende Eintheilung:

1. Zungenwurzellaute: *k*, *g*, a*ch*.
2. Zungenrückenlaute: i*ch*, *j*.

Vorder-zungenlaute
3. Zungenspitzenlaute: *t*, *d*, *l*. *n*. *r*.
4. Zungenblattlaute: *s*, *z* 'Rose.
5. Zungensaumlaute: *š* (Fis*ch*).

Lippen-laute
6. Lippenlaute: *p*, *b*, *m*.
7. Lippenzahnlaute: *f*, *v*.
8. Lippenzungenwurzellaute: engl. *w*.

Die fünf ersten Lautreihen werden im Gegensatze zu den
Lippenlauten auch Zungengaumenlaute genannt. — Innerhalb jeder Reihe gibt es aber mehrere Nüancen, je nachdem
das beteiligte Organ mehr vorwärts oder rückwärts artikuliert.
Dies ist besonders der Fall bei den Reihen 3—5, indem der
artikulierende Teil der Zunge entweder zwischen den Zähnen,
dicht hinter denselben, gegen die Alveolen der Oberzähne oder
noch weiter zurück gesetzt werden kann, und wodurch Lautnüancen entstehen, die man gewöhnlich interdentale, dentale, alveolare, supradentale, kakuminale nennt. So
unterscheidet z. B. das Ostnorwegische drei Nüancen von Zun-
genspitzenlauten *t*, *d*. *l*, *n* und dem Zungenblattlaute *s*, nämlich dentale, supradentale und kakuminale, wovon je-
doch die kakuminale nur vulgär anstatt der supradentalen
vorkommt. — Man sieht daher, dass *š* keine Varietät von *s*
ist; beide Laute bilden vollkommen parallele Reihen, die sich
durch die Form der Zunge, nicht durch die Artikulationsstelle
unterscheiden.

§ 15. Die Art, in welcher die Artikulation stattfindet, ist
eine doppelte. Entweder schliesst sich das beteiligte Organ
fest an irgend einen Teil des Mundes, sodass ein Verschluss
gebildet wird, wie bei den Lauten *k*, *t*, *p*, oder es lässt dem

Luftstrome einen kleinen Ausgang, sodass eine Friktion entsteht, wie bei den Lauten *s. f.* Hiernach teilt man die Konsonanten ein in Verschlusslaute und Spiranten (von den
englischen Phonetikern offene Laute — open sounds —
genannt. Zu den letzteren treten noch zwei Klassen, nämlich die nasale wie *m, n. ŋ* (la *ŋg*), wo der Luftstrom durch
die Nase entweicht, und die *l*-Laute, wo in der Mittellinie
des Mundes ein Verschluss gebildet wird, so dass der Luftstrom sich teilt und auf den beiden Seiten der Zunge einen
Ausgang findet, weshalb diese Laute auch geteilte genannt
werden.

§ 16. Über die Verschlusslaute ist noch Folgendes zu bemerken. Nachdem das Ansatzrohr an irgend einer Stelle ver-
schlossen ist, wird eine Luftmenge in den hinter dem Verschlusse gelegenen Raum des Mundes hineingetrieben und bis
zu einem gewissen Grade komprimiert; indem nun der Verschluss aufgehoben wird, findet eine kleine Explosion statt,
weshalb diese Laute auch Explosivlaute genannt werden. —
Ist nun während der Dauer des Verschlusses die Stimmritze
ganz offen, so dass kein Ton in derselben erzeugt werden
kann, so wird auch der Verschlusslaut an und für sich un-
hörbar und kommt erst durch den folgenden Laut zur Wahr-
nehmung; so entstehen die Tenues oder tonlosen Verschlusslaute *k. t, p.* Wird dagegen gleichzeitig mit dem Verschlusse
die Stimmritze in Vibrationsstellung gebracht, so wird auch
der Luftstrom, der in den Mundraum getrieben wird, tönend,
und es entsteht ein wirklicher Laut (der sogenannte »Blählaut«), der natürlich nur solange dauert, bis die zur Explosion
nöthige Luftmenge in den Mund eingetrieben ist. Auf diese
Weise entstehen die Mediä oder tönenden Verschlusslaute
g. d. b. — Weiteres über die Verschlusslaute siehe unten § 18.

§ 17. Nach dem oben entwickelten können wir das folgende Konsonantenschema aufstellen: — die angeführten Laute
sind, wo nicht anders bemerkt ist, deutsche.

	Verschluss-laute		Spiranten		Nasale		l-Laute	
	Tonlose	Tönende	Tonlose	Tönende	Tonlose	Tönende	Tonlose	Tönende
Zungenwurzel-laute	k	g	ach	tage		ŋ		
Zungenrücken-laute			ich	j				
Zungenspitzen-laute	t	d	engl. þ	engl. ð, r		n		l
Zungenblatt-laute			s	z				
Zungensaum-laute			š	ż				
Lippenlaute	p	b				m		
Lippenzahnlaute			f	v				
Lippenzungen-wurzellaute				engl. w				

Gleitlaute.

§ 18. Wenn man eine Lautgruppe wie *al* ausspricht, so muss, da die Stimme die ganze Zeit forttönt, beim Übergang von *a* zu *l* zwischen diesen ein kurzer, unbestimmter Laut erzeugt werden; einen solchen Laut nennt man einen **Gleit-laut** ,engl. glide`. Er entsteht nicht nur im Inlaute zwischen zwei Lauten, sondern auch im Auslaute, wenn nämlich die bestimmte Artikulationsstellung aufgegeben wird, ehe der Luftstrom abgeschnitten ist, wie z. B., wenn man die Lautgruppe *ak* spricht; man hört dann nach dem *k* deutlich einen kleinen Hauch. Wenn der Luftstrom selbst tönend ist, so wird auch der Gleitlaut tönend, was ich mit ' bezeichne, wie *a'l. a'k*; ist der Luftstrom dagegen tonlos, entsteht ein tonloser Gleitlaut, `, wie *k'a. ak'*.

Ihre grösste praktische Bedeutung haben die Gleitlaute nach Verschlusslauten: wir haben hier die folgenden Verbindungen:

$$1)\ \check{k},\ 2)\ \check{k'},\ 3)\ \check{g},\ 4)\ \check{g'}.$$

1) $\check{k}$, wie in $\check{k}a$, $a\check{k}$, entsteht, indem während des Verschlusses die Stimmritze ganz offen ist, so dass mit der Öffnung ein tonloser Hauch ausgestossen wird: in $\check{k}a$ setzt dann die Stimme erst nach der Explosion ein. Auf diese Weise entstehen die sogenannten aspirirten Tenues: nach der Stärke des Expirationsdruckes wechselt der Aspirationsgrad von der kaum merkbaren Aspiration im Englischen zu der starken dänischen, wo der Gleitlaut fast als selbständiger Laut (= h) wahrgenommen wird.

Wenn dagegen die Stimmritze gleichzeitig mit der Sprengung des Verschlusses in Vibrationsstellung gesetzt wird, so entsteht

2) $\check{k'}a$, indem der durch die Expiration verursachte Hauch dann tönend wird. In dieser Weise entstehen die reinen unaspirirten Tenues (Sievers: Tenues «mit leisem Absatz» der romanischen und slavischen Sprachen. Wird bei dieser Bildungsweise der Expirationsdruck herabgesetzt, so entstehen die Laute, welche Sievers als tonlose Mediä bezeichnet. So lauten auch in vielen Sprachen anlautendes g, d. b. indem bei der Bildung derselben kein Blählaut erzeugt wird (vgl. Sievers S. 131, 153; Storm S. 40 flg.).

3) $\check{g}$ ist im Auslaute sehr gewöhnlich; die Stimmritze, welche während des Verschlusses ihre Vibrationsstellung behält, so dass ein Blählaut erzeugt wird, öffnet sich gleichzeitig mit der Explosion, so dass der Hauch tonlos wird. Wenn dagegen die Stimmritze auch nach der Explosion in ihrer Stellung fortdauert, so entsteht

4) $\check{g'}$, wie gewöhnlich in $\check{g'}a$ und in einigen Sprachen, wie Französisch, auch auslautend $a\check{g'}$; hier tönt die Stimme, solange der Luftstrom dauert, und hört erst mit demselben auf.

§ 19. Die oben erwähnten Gleitlaute haben, da die Zunge bei dem Übergange von einem Laute zum anderen natürlich den kürzesten Weg nimmt, keine bestimmte Artikulationsstellung. Es ist aber auch möglich einen bestimmten Vokal oder Konsonanten zu einem Gleitlaute zu reduciren (vgl. Sievers

§ 24, 2). Dies geschieht dergestalt, dass der zur Bildung des Lautes nötige Expirationsstrom entweder erst beim Übergange zu dem folgenden Laute beginnt, oder in demselben Augenblicke, da die Lautstellung eingenommen wird, aufhört. Im Anlaute werden am häufigsten Konsonanten von dieser Reduktion getroffen, im Auslaute meistens Vokale, wodurch die sogenannten Diphthonge entstehen. Näheres über die Reduktion siehe Sievers § 24.

Erster Abschnitt.

Die englischen Laute.

§ 20. In meiner Besprechung der englischen Laute gebrauche ich die folgende Lautschrift, die mit einigen Ausnahmen dieselbe wie die von Storm angewendete ist. Wie er bezeichne ich lange Vokale durch Verdoppelung, während ich die verschiedene Quantität der Konsonanten (siehe unten § 51) nicht besonders andeute. Die Accentuation betreffend halte ich es von Wichtigkeit sowohl den Anfang wie den Schluss der accentuierten Silbe hervorzuheben. Ersteren bezeichne ich durch vorangesetztes ', wie ago *ə'goou*, letzteren durch nachgesetztes ', wie father *faa'ðə*; nur in mehrsilbigen Wörtern mit unaccentuierter erster Silbe brauchen sie beide gesetzt zu werden, wie inhabit *in'häb'it*. In Wörtern mit sowohl Haupt- als Nebenaccent bezeichne ich ersteren durch ", letzteren durch '. wie inflexibility *in·flek'si·bil''iti*; doch ist, wo der Hauptaccent dem Nebenaccente vorangeht, letzterer, wo es die Deutlichkeit erlaubt, nur durch · bezeichnet, wie prophecy *prof'isai*, dagegen elevation *el'i·vei''shən*. In zweisilbigen Wörtern mit ebenem Accent engl. level stress) setze ich nur · zwischen den gleichaccentuierten Silben, wie acorn *ei'kaan*, walnut *waal'nət*; dagegen upstairs *əp'stee'əz*, recover *ri'kʌv'ə*. Die Lautschrift ist wie bei Storm überall durch Kursivdruck hervorgehoben.

1. Die Vokale.

aa in father *faa'ḏǝ*, after *aaf'tǝ*, dance *daans*.

ä in man *män*, tarry *tär'i*.

ę, ęę, ęęi in men *męn*, very *vęr'i*; air *ęę'ǝ*, hare *hęę'ǝ*; name *nęęim*, sail *sęęil*.

v (= umgekehrtes *a*) in but *bvt*, month *mvnþ*, hurry *hvr'i*.

ǝǝ in burn *bǝǝn*, first *fǝǝst*, word *wǝǝd*.

i, ii in bit *bit*, pretty *prit'i*; beat *biit*, field *fiild*.

áá in all *áál*, more *máá'ǝ*, morning *máá'niŋ*.

ǫ in hot *hǫt*, what *wǫt*.

oou in no *noou*, stone *stooun*.

u, uu in full *ful*, fool *fuul*.

ai der Diphthong in high *hai*, time *taim*.

au in how *hau*, out *aut*.

oi in boy *boi*, oil *oil*.

ǝ der unbetonte Laut in ago *ǝ·goou*, father *faa'ḏǝ*.

i unbetontes *i* in very *vęr'i*, eleven *i·lęv'n*.

o unbetontes *oou* in fellow *fęl'o*, potato *pǝ·tęęi'to*.

2. Die Konsonanten.

þ in thin *þin*, path *paaþ*.

ḏ der entsprechende stimmhafte Laut in this *ḏis*.

s hartes s in see *sii*, us *vs*.

z weiches s in his *hiz*, wise *waiz*.

sh der Zischlaut in shall *shäl*; *tsh* in child *tshaild*.

zh der entsprechende stimmhafte Laut in vision *vizh'ǝn*; *dzh* in jest *dzhęst*.

ŋ der Gutturalnasal in sing *siŋ*.

v der stimmhafte Lippenzahnlaut in very *vęr'i*, have *häv*.

w der Lippenzungenwurzellaut in we *wii*, well *węl*.

Die übrigen Laute werden durch die für die ensprechenden deutschen Laute üblichen Zeichen wiedergegeben.

Die englischen Vokale.

§ 21. Bezeichnend für den englischen Vokalismus ist, dass die vorderen Vokale den hinteren und gemischten gegenüber sehr wenig entwickelt sind. Enge vordere Vokale werden nur ausnahmsweise und runde oder labialisierte gar nicht gebraucht. Ferner sind die engen Vokale viel seltener als die weiten; nur wenige der englischen Vokale sind bestimmt eng. Das folgende Schema zeigt ihr Verhältnis zu einander (vgl. das Schema § 11):

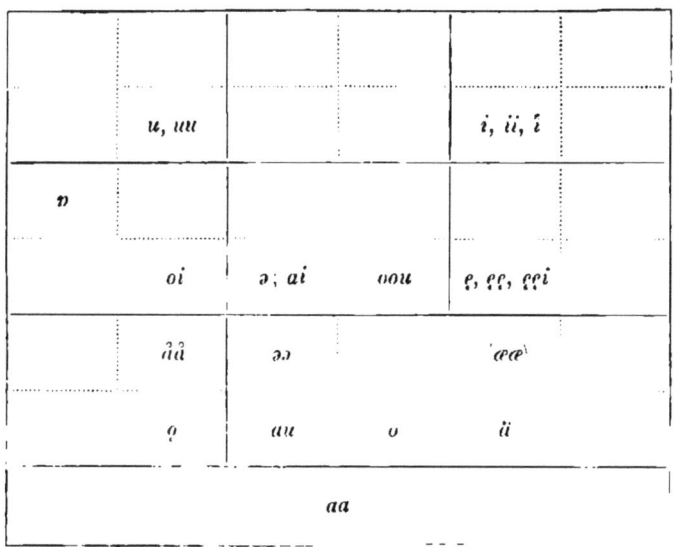

Die einzelnen Laute bespreche ich in folgender Ordnung: *aa. v. ɔɔ, i. ii, e, ee. ä, u, uu, ọ, áá: eei, oou, ai. au, oi; ɔ. i, o.*

§ 22. *aa* ist mit dem italienischen *a* in padre und dem norddeutschen in Vater identisch und demnach von dem tiefen französischen *a* in lâche verschieden (Storm S. 67 flg.: Victor § 46 Anm. 1). Das kurze schwedische *a* in falla (fallen), das Sweet (Sounds and Forms of Spoken Swedish S. 6) für qualitativ identisch mit dem englischen Laut hält, scheint mir ein wenig vorgeschoben wie das kurze französische *a* in madame. Auf dieselbe Weise muss man, wie ich glaube, das von den meisten Engländern noch in der Theorie festgehaltene eigentümliche *a* vor f, n, s, wie in after, chance, pass ansehen. Dieser eigentlich von Smart erfundene Laut (man nennt ihn auch «Smart's Compromise») ist eine künstliche Vermittelung zwischen dem in solchen Wörtern veralteten *ä*, welches noch von älteren Leuten gehört werden kann, und dem hier als vulgär geltenden reinen *aa* in father. Sweet erkennt den Laut nicht an; auch glaube ich selbst, dass er in natürlicher Rede nie vorkommt, obschon man ihn in Vorträgen und feierlicher Rede, sowie auf der Bühne oft hört vgl. Storm S. 107 flg.).

Der *aa*-Laut wird auf vier verschiedene Arten geschrieben:

1) mit a in den meisten Wörtern, wie far *faa*, arm *aam*, half *haaf*, calm *kaam*, path *paap*, ask *aask*, dance *daans*, branch *braansh*, grant *graant*, staff *staaf* etc., siehe unten § 55, I.

2) au, ea, e in wenigen Wörtern, wie laugh *laaf*, aunt *aant*, draught *draaft*; heart *haat*, hearth *haap*; clerk *klaak*.

§ 23. *r* findet sich meines Wissens in keiner Litteratursprache ausserhalb Englands und wird deshalb von den meisten Ausländern regelmässig unrichtig ausgesprochen, indem sie ihn durch ö oder offenes o wiedergeben. Der Laut hat jedoch mit den ö-Lauten nichts gemein und könnte viel besser als ein dunkles a bezeichnet werden. Der beste Ausgangspunkt für Deutsche ist der Vokal in Sohn, welcher dieselbe Zungenstellung wie der englische Laut hat und sich davon nur durch die Rundung (oder Labialisation) unterscheidet. Um zu dem englischen Laute zu kommen muss man sich daher üben die Rundung des deutschen Lautes aufzugeben, ohne die Zungenstellung zu ändern. Um dies leichter zu thun, übe man sich an solchen geläufigen Lautpaaren wie *i-y*, *e-ö* solange, bis man die damit verbundene Schwierigkeit überwunden hat. Man kann auch von dem deutschen unbetonten e in Gabe ausgehen, welchen Laut man zu halten suchen muss, ohne ihn zu ö oder e zu machen. Dann senke man die Vorderzunge um die hintere Stellung zu gewinnen. Ferner muss man bei der Einübung dieses Lautes besonders darauf achten, dass er einen gewissen *a*-Charakter hat, und dass eine Aussprache von but wie *bat* weit besser und verständlicher als etwa *böt* wäre; ja in der Londoner Cockney-Sprache geht der Laut bisweilen in *a* über, und zeigt sogar im Munde der Gebildeten oft eine Tendenz dazu. (Vgl. Sweet, Handb. § 65, und Victor § 65, besonders Anm. 1.

Dieser Laut wird am häufigsten seiner Etymologie gemäss mit u geschrieben, wie but *böt*, cut *köt*, sun *sön*; in vielen Wörtern aber, oft gegen sowohl die Etymologie wie die Aussprache: mit o, wie son *sön*. come *kŏm* ags. sunu, cuman), glove *glŏv*. colour *kŏl'ŏ*, siehe unten § 58, IV. Seltener schreibt man ou, wie cousin *kŏz'n*, country *kŏn'tri*, oder oo wie blood *blŏd*, flood *flŏd*; oe in dem einen Worte does *dŏz* von to do.

§ 24. *ŏ* ist gleichwie der vorige ein dem Englischen eigentümlicher Laut, der vielleicht noch grössere Schwierigkeiten darbietet. Im akustischen Werte nämlich liegt er den ö-Lauten so nahe, dass es für ein ungeübtes Ohr fast unmöglich ist, ihn davon zu unterscheiden. Was man darum zuerst beachten muss, wenn man den Laut treffen will, ist die Rundung zu verhindern, was man am besten ganz einfach mit Hülfe zweier Finger thut, so dass die Lippen eine spaltenförmige Öffnung wie für *e* bilden. Ferner thut man hier am besten, vom unbetonten *e* in Gabe auszugehen, von welcher Lautstellung aus das *ŏ* durch Vergrösserung des Kieferwinkels getroffen wird.

Viele Engländer nehmen auch hier wie bei *aa* eine Nüance in dem Laute an, je nachdem der ursprüngliche Vokal ein vorderer oder hinterer ist, und meinen daher, dass der Laut in Wörtern wie bird etwas verschieden von dem in burn sei. Ich kann nicht sagen, dass ich einen solchen Unterschied bemerkt habe; der Laut schwankt möglicherweise an und für sich, ohne dass dies auf bestimmte Fälle zurückgeführt werden kann. Ältere Texte zeigen, dass es schon früh wohl dialektische Abweichungen gab, aber keine feste und regelmässige Schwankung innerhalb dem einzelnen Dialekte: so findet man im dreizehnten Jahrhundert in denselben Texten[1] Formen wie werk, wirk, wurk, work; cherche, chirche, churche; cherl, churl; gerl, girl, gurl; kertle, kirtle, kurtle; erthe, urthe. Es ist auch bedenklich, dass diejenigen, welche auf den erwähnten Unterschied halten, keinen qualitativen, sondern nur einen quantitativen Unterschied zwischen den Lauten in but und burn finden: man kann sich nicht des Verdachtes erwehren, dass sie sich durch die verschiedene Orthographie in bird, burn etc. haben verleiten

---

1, Siehe «On the Norman Element in the Spoken and Written English in the 12th, 13th and 14th Centuries» by Jos. Payne, Esq. Transactions of the Philological Society of London 1868—1869.

lassen auch einen thatsächlichen Unterschied in der Aussprache
anzunehmen.

Der Laut *ɔɔ* ist eigentlich aus vokalisiertem *r*, das den
ursprünglichen Vokal verdrängt hat, entstanden. In der Schrift
wird er durch alle Vokalzeichen ausser a + r wiedergegeben: am
häufigsten durch u, i, e + r, wie burn *bɔɔn*, turn *tɔɔn*; sir *sɔɔ*.
bird *bɔɔd*; her *hɔɔ*, berth *bɔɔþ*; seltener durch o, y, ou, ea
+ r, wie worm *wɔɔm*, word *wɔɔd*; myrtle *mɔɔ'tl*; journey
dzhɔɔ'ni, learn *lɔɔn*.

§ 25. *i* und *ii*. Das kurze *i* ist mit dem norddeutschen
i in finden, bitten identisch; Mittel- und Süddeutsch haben
hier einen weniger weiten, fast engen Laut (Victor § 53, Anm. 1).
Der weite Laut ist jedoch nicht schwer zu treffen; bei nach-
lässiger schlaffer) Aussprache eines gewöhnlichen kurzen *i*,
wird man leicht zum weiten *i* kommen. Das lange englische
ii wird noch oft als identisch mit dem deutschen Laut in fiel
betrachtet. Dies ist unrichtig: das englische *ii* ist kein homo-
gener Laut. In seinem Anfang ist er ebenso weit als das
kurze *i*; gegen das Ende aber wird die Zunge dem Gaumen
mehr genähert, wodurch der Laut verengt wird (Victor § 51.
Trautmann § 373). — Ganz entschieden weit ist er vor r.
gleichviel ob das r lautet oder nicht, wie in hear, hearing;
hier wird er auch sehr oft verkürzt, siehe unten § 51 Schluss,
und vgl. Storm S. 92 und Sievers S. 125.

Man schreibt im Englischen *i* auf sieben verschiedene
Arten; in den meisten Wörtern mit i oder y, z. B. bit, pin,
spirit *spir'it*, nymph *nimf*, cynic *sin'ik*, lyric *lir'ik*; in
wenigen Wörtern mit e, ee, ei, ie, u: pretty *prit'i*.
breeches *brit'shiz*, leisure *lizh'ɔ* (auch *lɛzh'ɔ*), sieve *siv*.
busy *biz'i*.

Das lange *ii* wird auch mit sieben verschiedenen Bezeichnungen ausgedrückt; häufig mit e, ee, ea, ie, z. B. he *hii*.
theme *þiim*; bleed *bliid*, feel *fiil*; dream *driim*, leave
liiv; chief *tshiif*, thief *þiif*; seltener mit ei, i, eo: seize
siiz, ceiling *sii'liŋ*; fatigue *fɔ'tiig*; people *pii'pl*.

§ 26. *e*, *ee*. Das kurze *e* ist ein in den verschiedenen
Sprachen sehr verbreiteter Laut; deutsch in Mensch, Män-
ner, franz. in peine, dette, faite. Anstatt des langen *ee*
kommt wohl auch *ææ* (Bell's low-front-narrow vor, wie

ja auch der akustische Unterschied zwischen den zwei Lauten nicht sehr hervortretend ist. Deutsche werden vielleicht geneigt sein, den Laut in *ee* zu verengen, wie in s e h r; dies muss man jedoch vermeiden, denn nichts ist weniger englisch als ein enges, monophthongisches *ee* (vgl. Victor § 50 mit Anm. 1 Schluss).

Das *ę* wird am häufigsten mit e oder ea geschrieben, z. B. s e n d, v e r y *vęr'i*; d r e a m t *drę̨mt*, d e a d *dęd*: nur in seltenen Fällen schreibt man a, u, ie, eo, ei: a n y *ęn'i*. m a n y *męn'i*; b u r y *bęr'i*; f r i e n d *frę̨nd*; f e o f *fęf*; h e i f e r *hęf'ə*. — Das lange *ęę* ist eigentlich ein vor r entwickelter Parallellaut zum diphthongischen *ęęi* (s. unten §§ 55 IV, 61), und wird wie dieser meistens mit a oder ai geschrieben: h a r e *hęę'ə*, v a r y *vęę'ri*; a i r *ęę'ə*, f a i r *fęę'ə*; seltener mit e, ea, ei: t h e r e *ðęę'ə*. w e a r *węę'ə*. h e i r *ęę'ə*; überall vor r.

§ 27. *ä* ist ein sehr offener Laut, um eine ganze Stufe tiefer als das *ę* in m e n *męn*. h e a d *hęd*. Dem Ohr klingt er zwischen *ę* und *a*; jedoch ist die Zunge gänzlich vorgeschoben, so dass man besser thut, von *ę* als von *a* auszugehen. Der Laut hat denselben Kieferwinkel wie die *a*-Laute. Es zeigt sich im Englischen eine Tendenz, diesen Laut zu der mittleren Stellung (= *e*) zu heben, was in der vulgären Sprache völlig durchgeführt ist. Dies wird natürlich von Gebildeten so viel als möglich vermieden oder wenigstens geleugnet: jedoch hört man nicht selten solche Formen wie *pęŋk'ju* anstatt *päŋk'ju* = t h a n k y o u; *ai fęn'si* für *ai fän'si* = I f a n c y; *kęn* für *kän* = c a n u. s. w., es wird aber selbstverständlich noch als ein hässlicher Vulgarismus bezeichnet (vgl. Trautmann § 349).

Der Laut *ä* wird mit sehr wenigen Ausnahmen nur a geschrieben: m a n *män*, c a r r y *kär'i*; man schreibt jedoch a e in g a e l i c *gäl'ik*, ai in p l a i d *pläd*, r a i l l e r y *räl'əri*.

§ 28. *u, uu*. Das kurze englische *u* ist offener als deutsches *u* in u n d, und verhält sich dazu ungefähr wie norddeutsches *i* in f i n d e n zu dem entsprechenden mittel- und süddeutschen Laut. Englisches *u* lautet daher ein wenig mehr *o*-haltig, ganz wie das weite *i* einem ungeübten Ohr *e*-haltig scheint. Man wird daher den englischen Laut auf dieselbe Weise wie *i*. nämlich durch nachlässige (schlaffe Aussprache eines gewöhnlichen *u* erhalten. — Der entsprechende lange

2*

Laut *uu* ist nicht nur ein verlängertes *u*, sondern wird wie das lange *ii* gegen das Ende konsonantisiert, was hier durch stärkere Lippenrundung geschieht. — Eine Aussprache von *fuul* mit homogenem *uu* würde nur ein gedehntes f u l l, nicht das wirklich lange f o o l andeuten vgl. unten § 51, II. und V i c t o r § 35 Anm. 1,. Wo *uu* franz. u = *y* oder einen ursprünglichen Diphthong wie e ó repräsentiert, geht ihm ein *i*-Gleitlaut, oder wie ich einfach schreibe, *j* voran; nach tonlosen Konsonanten ist dieser natürlich selbst tonlos, fällt aber nach *r*, *l* und *s* gewöhnlich weg: t u n e *tjuun*: r u d e *ruud*, l u t e *luut*, a s s u m e *ə·suum* oder *ə·sjuum*.

Das kurze *u* kommt nicht sehr häufig vor und wird gewöhnlich durch u oder oo bezeichnet, wie f u l l *ful*, b u l l *bul*, h o o d *hud*, b o o k *buk*: ausnahmsweise durch o: w o l f *wulf* und o u: c o u l d *kud*, s h o u l d *shud*, w o u l d *wud*. Das lange *uu* dagegen ist ein häufig vorkommender Laut, der auf zwölf verschiedene Arten geschrieben wird:

1) u: t u n e *tjuun*, d u k e *djuuk*. 2) oo: c o o l *kuul*, f o o l *fuul*. 3) ew: f e w *fjuu*, n e w *njuu*. 4) eu: f e u d *fjuud*. d e u c e *djuus*. 5) ue: t r u e *truu*, r u e *ruu*. 6) ui: f r u i t *fruut*. j u i c e *dzhuus*. 7) o: m o v e *muuv*, p r o v e *pruuv*. 8) ou: y o u *juu*, w o u n d *wuund*. 9, eo: f e o d *fjuud*. 10) oe: s h o e *shuu*. 11) eau: b e a u t y *bjuu'ti*. 12, iew: v i e w *vjuu*.

§ 29. *o*. Offener (tiefer) als deutsches *o* in V o l k. Dem Ohr liegt er zwischen dem letzteren Laute und kurzem *a*, und wird leicht von deutschem *o* aus durch Vergrösserung des Kieferwinkels getroffen (Vietor § 42 Schluss. .

In den meisten Wörtern schreibt man o oder a (dies nach w, wh und qu : n o t *not*, m o r r o w *mor'o*, w a s h *wosh*, w h a t *wot*, q u a l i t y *kwol'iti*; seltener o u, o w, a u: c o u g h *kof*, k n o w l e d g e *nol'idzh*, l a u r e l *lor'əl*.

§ 30. *aâ* ist nach Storm S. 91) mit dem tiefen *aa* vieler deutschen Mundarten identisch: um eine ganze Stufe offener als der deutsche Laut in S o h n. Einige nehmen in gewissen Wörtern vor r eine Nüance im Laute an; W a l k e r giebt sogar den Wörtern b o r n e, f o r c e, f o r g e, f o r m (Bank), f o r t, p o r c h, p o r t, s p o r t u. m. denselben Laut wie in s t o n e, wobei zu bemerken ist, dass W a l k e r den diphthongischen Charakter des letzteren Lautes nicht kennt. Wenn dieser

Unterschied überhaupt noch gemacht wird, so besteht er gewiss nur in einer kleinen Hebung des Lautes; die jüngere Generation hat diese Unterscheidung jedoch längst aufgegeben, so dass in Wirklichkeit kein Unterschied mehr zwischen Wörtern wie born und borne, morning und mourning existiert; vgl. Storm S. 93 Note 1; Vietor § 42 mit Anm. 1; Trautmann § 410.

Der Laut wird auf sieben verschiedene Arten geschrieben: 1) o: tore *tā́'ə*, lord *lāád*. 2) a: war *wāú'ə*. all *aul*. 3) au: caught *kāát*, taught *tāát*. 4) aw: raw *rāá*, saw *sāá*. 5) ou: pour *pāá'ə*. brought *brāát*. 6) oa: soar *sāú'ə*. broad *brāád*. 7) oo: door *dāú'ə*. floor *flāú'ə*.

Die Diphthonge.

§ 31. Zu den Diphthongen rechnet man im Englischen gewöhnlich nur die drei in high *hai*, how *hau* und boy *boi*, indem man als Merkmal eines echten Diphthongs aufstellt, dass das erste Element betont und kurz sei. Verbindungen, deren erstes Element lang ist, nennt man dann unechte Diphthonge (s. Storm S. 44; doch macht Sievers diese Unterscheidung nicht, indem er nicht die Quantität des ersten Elementes, sondern den verschiedenen Öffnungsgrad der beiden Elemente als unterscheidendes Merkmal echter und unechter Diphthonge ansieht). Über den Namen kann natürlich gestritten werden: doch sehe ich keinen Grund, warum z. B. engl. *ẹẹi* in name nicht eben so gut ein Diphthong wie *ai* in high genannt werden sollte. Zu den englischen Diphthongen zähle ich daher eben sowohl *ẹẹi* und *oou* als *ai, au, oi*. — Konsequenter Weise sollten auch *ii* und *uu* zu den Diphthongen gerechnet werden, da sie durchaus diphthongischen Charakter haben[1] siehe oben §§ 25, 28: da dieser jedoch bei den letztgenannten bei Weitem nicht so hervortretend ist wie bei *ẹẹi* und *oou*, so habe ich aus rein praktischen Gründen es vorgezogen, sie unter den einfachen Vokalen, und *ẹẹi, oou*, über deren diph-

---

1 Nach Sweet (History of E. S. S. 71) sind auch *aa* und *ââ* Diphthonge, deren zweites Element der Stimmgleitlaut oder «vocal murmur» ist; ich möchte jedoch nicht gern eine Verbindung, deren zweites Element keine bestimmte Artikulationsform hat, einen Diphthong nennen.

thongischen Charakter wohl kein Zweifel mehr erhoben werden
kann, unter den übrigen, «echten» Diphthongen zu besprechen.

§ 32. *ȩȩi* (wie auch *oou*) ist dem südenglischen Dialekte
eigen und findet sich nicht im Schottischen, das dafür enges
ee bietet. — Über das erste Element dieses Diphthongs sind
die Phonetiker nicht einig vgl. Trautmann § 350). Storm
meint noch, dass es eben so häufig *ee* wie *ȩȩ* sei. Ich kann
mich nicht erinnern, dass ich hier *ee* überhaupt gehört habe:
wenigstens glaube ich, dass *ee* hier, wenn es nicht Einfluss
vom Schottischen ist, als eine künstliche, «feinere» Aussprache-
weise wie das Smart'sche *aa* s. § 22 zu betrachten ist:
vulgär geht nämlich das erste Element dieses Diphthongs in
einen noch offneren Laut *ä* oder *ə* (wie in *ai*) über. — Das
zweite Element ist nach Sweet *i*, d. h. ein gesenktes, weites *i*;
doch schreibe ich nur *i*, wie überhaupt meine Diphthong-
bezeichnung mehr eine praktische als streng phonetische ist:
mit den gewöhnlichen Buchstaben würde es doch unmöglich
sein eine genaue Bezeichnung durchzuführen, und was man
mit neuen Zeichen gewinnt, würde man an Deutlichkeit verlieren. [1]

Das *ȩȩi* verliert vor r seinen diphthongischen Charakter
und wird *ȩȩ* (s. § 26); die zwei Laute sind in den meisten
Fällen desselben Ursprungs und werden gewöhnlich auf dieselbe Weise bezeichnet; doch schreibt man für *ȩȩi* niemals e[2],
wie umgekehrt a y und e y, die nur auslautend gebraucht
werden, natürlicherweise nicht *ȩȩ* bezeichnen können. Beispiele sind: name *nȩȩim*. lady *lȩȩi'di*: a i m *ȩȩim*, b a i l *bȩȩil*,
say *sȩȩi*, pay *pȩȩi*; deign *dȩȩin*, vein *vȩȩin*, they *ðȩȩi*.
grey *grȩȩi*: great *grȩȩit*, break *brȩȩik*. Alleinstehend sind
gaol *dzhȩȩil* und gauge *gȩȩidzh*.

§ 33. *oou*. Das erste Element dieses Diphthongs betreffend
kann ich weder Trautmann § 411) noch Victor (§ 42) ganz
beistimmen, welche beide geschlossenes *o* wie in Sohn oder
offenes (weites) wie in Volk ansetzen. Der Laut, dem es in
qualitativer Hinsicht am nächsten kommt, ist, wie mir scheint,

---

[1] Trautmann findet, wie ich glaube, mit Unrecht, dass das erste
Element dieses Diphthonges gewöhnlich kurz sei; über die Verkürzung
langer Vokale im Allgemeinen siehe unten § 51, I, 2; vgl. Victor § 50
Schluss.

[2] Ausser in dem einen Worte ch *ȩȩi*.

das franz. *o* in votre, bonne, d. h. es ist ein vorgeschobenes gemischtes *o*: wahrscheinlich ist es der englische Laut, der den ö-Lauten am nächsten steht, so dass eine Aussprache wie *ööu* mit offenem ö viel mehr englisch als *oou*, mit demselben Laute wie in Volk, klingen würde. — Das zweite Element ist nur eine stärker gerundete Form des ersten, also in Wirklichkeit kein *u*, vor allem kein deutsches *u*.

Dieser Diphthong kommt im Englischen sehr häufig vor und wird auf acht verschiedene Arten geschrieben: 1) o: bone *booun*, told *toould*, 2) oa: boat *hoout*, coat *koout*, 3) ou: mould *moould*, soul *sooul*, 4) ow: mow *moou*, know *noou*, 5) oe: foe *foou*, toe *toou*, 6) oo: brooch *brooutsh*, 7 eo: yeoman *joou'mən*, 8) ew: sew *soou*, shew *shoou*; dazu kommen noch Fremdwörter wie beau *boou*, hautboy *oou'boi*.

§ 34. *ai* Trautmann § 399] ist nach den Angaben von Storm (S. 95) und Anderen von dem gewöhnlichen deutschen *ai* in Bein, Stein verschieden. Das erste Element im engl. *ai* ist auch kein reines *a*, sondern ein *a* zu der gemischten Stellung gehoben (Victor § 46 Schluss); vielleicht ist es auch ein wenig vorgeschoben, da der Laut dem Ohr zwischen *a* und *ä* liegt; nur vulgär geht er in *a* über, indem in der Vulgärsprache der Platz des *ai* von dem Diphthong *ęęi* eingenommen und *ai* daher zu der unteren Stellung verschoben wird. Das zweite Element ist wohl dasselbe wie in *ęęi*; doch zeigt sich eine deutliche Tendenz, es zu unterdrücken, was in der Vulgärsprache zum Teil durchgeführt ist. Vgl. hierüber die interessanten Betrachtungen Sweet's über das künftige Englisch Handb. S. 195.

Auch dieser Laut ist mit einer Menge von verschiedenen Schreibweisen bedacht worden: in den meisten Wörtern schreibt man i oder y: z. B. wine *wain*, fire *fai'ə*, by *bai*, my *mai*; es giebt aber noch sechs Bezeichnungen, nämlich ie, ei, ai, uy, ye, eye: fie *fai*, die *dai*: height *hait*, sleight *slait*; aisle *ail*: buy *bai*: bye *bai*, rye *rai*; eye *ai*.

§ 35. *au* ist ebenfalls von dem entsprechenden deutschen Diphthong in Haus verschieden, indem das erste Element ein völlig gesenktes *ə* ist; bisweilen scheint es sogar bis zu der vorderen Stellung [= ä] vorgerückt zu sein: mindestens klingt es dem Ohr näher an *ä* als *a*. Das zweite Element ist kein *u*:

die Zunge ist wohl niemals über die mittlere Stellung gehoben. Nach Sweet ist es nur eine gerundete Form des ersten Elementes (vgl. *oou*). Ob dies richtig ist, kann ich nicht sagen: doch ist es leicht möglich, ein engl. *au* in dieser Weise hervorzubringen; vgl. das von Sievers S. 121 erwähnte Experiment zur Feststellung des zweiten Elementes von Diphthongen.

Dieser Laut hat im Englischen nur zwei Bezeichnungen, nämlich ou: pound *paund*. und ow: how *hau*.

§ 36. *oi* ist ohne Zweifel mit dem deutschen Diphthong in heute, wie er in der Bühnenaussprache lautet, identisch; vielleicht ist das erste Glied im Englischen ein wenig tiefer (vgl. Victor § 42 Anm. 1 Schluss). Das zweite Element des deutschen Lautes ist oft gerundet, was meines Wissens im Englischen nicht der Fall ist. Dies macht jedoch in dem akustischen Wert keinen Unterschied. Vgl. auch Trautmann § 120.

Der Laut wird oi oder oy geschrieben: oil, boy.

Unbetonte Vokale.

§ 37.   Unbetonte Vokale giebt es im Englischen vier: *ə*, *i*. *o*, *u*.

1) *ə* ist wesentlich derselbe Laut wie das erste Element des Diphthongs *ai* (§ 34): es wird oft ein wenig gesenkt, so dass es zwischen *ə* und *a* liegt und geradezu in den Laut, den man Smart's Compromise nennt (§ 22), übergeht, vgl. Storm S. 92. — Oft wird aber das *ə* noch mehr geschwächt, so dass es mit dem reinen Stimmgleitlaut zusammenfällt: so *'·goou, big''*. statt *ə·goou, big'ə*, und statt auslautenden r nach *aa* und *əə*. wie far, fur, in welchem Falle ich nur *faa. fəə* schreibe. Siehe Sweet § 200, Victor § 65 Schluss; vgl. unten § 40.

Dies *ə* vertritt alle unbetonten Vokale vor r und sonst in den meisten Fällen die hinteren, z. B. beggar *beg'ə*, baker *beei'kə*. confirmation *kon'fə·meei''shən*, sailor *seei'lə*, figure *fig'ə*; alone *ə·looun*, together *tə·gęd'ə*. until *ən·til*. Näheres hierüber siehe unten §§ 86—93.

2 *i* ist ein gesenktes *i*. oder, wenn man will. ein gehobenes *ę*. Es vertritt in der Regel die vorderen Vokale *i*, . *ęi*. wie: pity *pit'i*, object *ob'dzhikt*. captain *käp'tin*.

3) *o* ist wesentlich eine gerundete Form des *ə* und kann deshalb auch als gerundeter Stimmgleitlaut auftreten: es fällt also mit dem ersten Elemente des Diphthongs *oou*, den es gewöhnlich im Auslaute vertritt, zusammen: fellow *fɛl'o*. sorrow *sɔr'o*. potato *pə·tɛɛi̯'to*.

4) *u*. dem ich kein eigenes Zeichen gegeben habe, ist ein gegen die mittlere Stellung verschobenes *u*, welches es auslautend und vor Vokal vertritt, wie: value *väl'ju*, constituent *kən·stit'shuənt*. — Sowohl dieser Laut wie *o* kommen seltener vor.

§ 38. Die unbetonten Vokale besonders *ə* und *i* verlieren im Englischen oft den Stimmton und werden geflüstert ausgesprochen. Dies scheint besonders im An- und Inlaute bei der Berührung mit tonlosen Konsonanten der Fall zu sein (vgl. Victor § 25 Anm. 3', z. B. economy *i·kɔn'əmi*, affectation *äf'ik·tɛɛi̯'shən*, temerity *ti·mɛr'iti*, constitute *kən'stĭ·tjuut*, it is *i̯·tĭz*, together *tə·gɛð'ə*. comfortable *kʌm'fətəbl*. counterfeit *kaun'təfĭt*, attack *ə·täk*; occasion *ə·kɛɛi̯'shən*, propose *prə·poouz*. protection *prə.tĕk'shən*. — In der Lautschrift lasse ich jedoch diese Eigentümlichkeit unbezeichnet.

Die englischen Konsonanten.

§ 39. Nach dem § 17 gegebenen Schema ordnen die englischen Konsonanten sich folgendermassen:

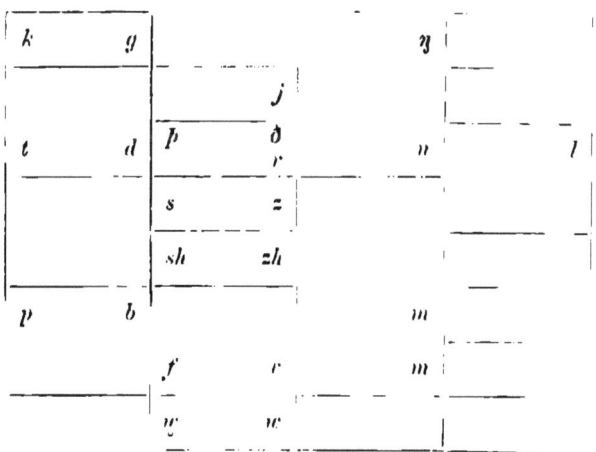

1. Die Verschlusslaute.

§ 40. Die Verschlusslaute scheinen im Allgemeinen in ihrer Bildungsweise nicht von den deutschen verschieden zu sein, wenigstens nicht *k*, *g*, *p*, *b*. Die Zungenspitzenlaute *t* und *d* sind alveolar, was nach Sievers S. 97) auch in Deutschland die üblichste Aussprache ist (vgl. jedoch Vietor § 109 Anm. 1). Dagegen muss ernstlich davor gewarnt werden, *g* und *b* spirantisch wie in mittel- und norddeutschem lebe, Tage zu sprechen, Laute, die im Englischen vollständig unbekannt sind. Auch muss man sich hüten, die deutsche Gewohnheit, auslautendes b, d wie in ob, Land wie *p*, *t* zu sprechen, auf das Englische zu übertragen; über die Fälle, wo englisches d wie *t* lautet, siehe unten § 99.

Die englischen Tenues sind sehr schwach aspirirt und unterscheiden sich dadurch sowohl von den stärker aspirirten norddeutschen Tenues wie von den unaspirirten der süddeutschen Mundarten. Am stärksten ist im Englischen die Aspiration im Auslaute, während sie im Anlaute oft kaum vernehmbar ist, wenn sie nicht ganz fehlt vgl. Sievers S. 116, Victor § 102 Anm. S. 140. Anlautende Mediä sind gewöhnlich tonlos, d. h. es wird kein Blählaut erzeugt, während natürlicherweise der nachfolgende Gleitlaut tönend ist; sie bilden was Sweet «half-voiced stops» nennt, *k'a*, *p'a*, *t'a*, s. § 18, 2. — Im Auslaute dagegen tönt die Stimme während des Verschlusses fort; mit der Explosion aber öffnet sich die Stimmritze, so dass ein tonloser Hauch folgt: *agͨ*, *abͨ*, *adͨ*.[1] Es ist weiter zu bemerken, dass die Verbindung von zwei Verschlusslauten ohne Gleitlaut geschieht, indem die folgende Konsonantenstellung während der Dauer des ersten eingenommen wird, z. B. *pt* wie in apt *äpt* (nicht *apͨt*), *kt* wie in act *äkt*, *bd* wie in robbed *rọbd* (nicht *rọbͨd*), *gd* wie in begged *bẹgd*. In dieser Hinsicht unterscheidet sich das Englische besonders vom Französischen, wo in solchen Verbindungen der Gleitlaut sehr hervortretend ist.

---

1 Doch kommt im Englischen auch auslautendes *g'*, *b'*, *d'* vor, nämlich statt *gə*, *bə*, *də* in Wörtern wie beggar *bẹg'ə*, robber *rọb'ə*, rudder *rṇd'ə*, in welchen das *ə* oft zu dem blossen Stimmgleitlaut reduciert wird; siehe oben § 37. 1, vgl. Sweet § 219.

2. Die Spiranten.

§ 41. *j* ist in betonten Silben, wie y o u *juu*, d u k e *djuuk*, oft zu einem blossen *i*-Gleitlaute reduciert; jedenfalls ist das Geräusch sehr schwach. Nach tonlosen Konsonanten, wie in p u r e. few, ist wohl nur der Anfang des Lautes tonlos, weshalb ich auch hier *j* schreibe: *pjuu'ə*, *fjuu*. Dasselbe ist der Fall in Wörtern wie h u e, h u m o u r, wenn diese nicht einfach wie *juu*, *juu'mə* ausgesprochen werden (vgl. V i e t o r § 79). In unbetonten Silben nach *t* und *d* geht der Laut gewöhnlich in palatalisiertes *sh*, *zh* über, siehe unten § 44.

§ 42. *þ, ð: r.* Die Phonetiker sind noch nicht darüber einig, ob englisches *þ, ð* als i n t e r d e n t a l oder rein p o s t - d e n t a l anzusehen sei. S w e e t behauptet, der Laut werde nie interdental gebildet, während S t o r m (S. 41 flg.) interdentales *þ. ð* öfters beobachtet zu haben glaubt. Ich selbst spreche den Laut immer postdental aus. Praktisch ist die Frage jedoch minder wichtig. da der akustische Unterschied zwischen den zwei Lauten, wenn er überhaupt existiert. jedenfalls sehr gering ist. Da ferner postdentales *þ, ð* schwieriger nachzuahmen scheint als interdentales, so thut man vielleicht am besten, den Laut als interdental einzuüben. Man muss weiter darauf achten, die Zunge nicht zu fest gegen die Zähne zu drücken, wobei leicht entweder ein *t, d* vor dem Laut erzeugt wird vgl. S t o r m S. 45), oder, wenn man den Laut postdental zu bilden sucht, ein *s*-Laut resultiert. Bei den *s*-Lauten ist ein grösserer Teil der Zunge (das B l a t t) beteiligt, während bei *þ, ð* nur die Spitze gegen die Zähne gebracht wird. Anlautendes *ð* wird oft reduciert gesprochen.

Spricht man ein *ð* mit Hebung der Zungenspitze gegen die Alveolen. so entsteht also a l v e o l a r e s *ð*, oder was dasselbe ist, englisches *r*, wie in r e d, v e r y.[1]). Dies unterscheidet sich vom deutschen und im allgemeinen vom kontinentalen *r* zunächst dadurch. dass es nicht gerollt ist. Das Geräusch ist beim anlautenden *r* sehr schwach; doch ist es mir zweifelhaft, ob der Laut hier rein s o n o r zu nennen sei. es scheint mir besser von einer reducierten S p i r a n s zu reden. Nach einem

---

1 So auch S i e v e r s § 15. 2, a, S. 101. Vgl. dagegen V i e t o r § 88 Anm. 1.

Verschlusslaute dagegen, wie in try, cry. ist der Laut stark
spirantisch und geht besonders nach *t*, wo es auch ein wenig
mehr zurück zu liegen scheint, beinahe in einen Zischlaut
über, der an *sh* mahnt vgl. Sievers S. 57). Nach den tonlosen *k*, *t*, *p* wird dabei der Anfang des Lautes tonlos; es ist
wohl zweifelhaft, ob die Stimme erst mit dem folgenden Vokal
einsetzt; mir scheint namentlich bei *k* und *p* die letztere Hälfte
des Lautes tönend zu sein, so dass man nicht wohl von einem
tonlosen *r* sprechen kann. In tonlosen Silben dagegen wie in
propose. spricht man sicher *pṛ̥ʾpoouz* mit geflüstertem *ṛ̥*
aus (vgl. oben § 38). — Das *r* findet sich im Englischen nur
vor Vokal; im Auslaute und vor Konsonant ist es entweder
ganz verschwunden oder durch den unbetonten Vokal *ǝ* ersetzt worden: siehe Näheres hierüber unten § 112.

§ 43. *s*, *z*. Das englische *s* wird sehr energisch ausgesprochen und verhält sich, wie Sievers bemerkt, zum deutschen *s* wie fortis zu lenis. Übrigens wird der Laut alveolar mit dem Zungenblatt gebildet, das *z* vielleicht ein wenig
mehr zurückliegend als *s*. Deutsche müssen besonders darauf
achten, *s* in Verbindung mit *l*, *n*, *p*. *t* und *w* rein zu sprechen, nicht wie im Deutschen *sch*lagen, *sch*neiden, *St*ein.
*sp*ielen, *sch*wer. Englisches *z* hat einen tieferen Klang als
der deutsche und französische Laut, was vielleicht daher
kommt, dass die Berührung zwischen der Zunge und dem
Gaumen leiser ist; auch ist wenigstens französisches *z* rein
dental. Im Auslaute wird englisches *z* gegen das Ende devokalisiert, so dass his in Wirklichkeit *hizs* lautet: nach
Sweet (§ 236 ist das *z* im Auslaute geflüstert, doch wohl nur
nach Konsonanten wie heads *hędz̦*, bonds *bǫndz̦*. Diese Eigen-
heiten bezeichne ich übrigens nicht in der Lautschrift.

§ 44. *sh*, *zh*. Über die Bildung der *sh*-Laute ist man
noch nicht im Klaren (vgl. Storm S. 42 flg.. Ich glaube,
das Wesentlichste bei der Bildung des Lautes besteht darin,
dass der ganze vordere Zungensaum beteiligt ist, so dass die
Friktion nicht nur über der Spitze, sondern auch über den
Seitenrändern der Zunge stattfindet. In derselben Weise findet
Victor § 51 Anm. Schluss das Wesentliche bei den *sh*-Lauten
darin, «dass ein breiter Atemstrom sich an den Zahnkanten
bricht». — Dabei ist aber, wie von Storm und Sievers her-

vorgehoben, auch zu bemerken, dass ein kesselförmiger Raum im Munde gebildet wird, wodurch eine dumpfere Kesselresonanz entsteht. Die Berührung zwischen der Zunge und dem Gaumen ist sehr locker: oft findet wohl nur eine Annäherung statt. Der englische *sh*-Laut ist mehr palatal d. h. der Zungenrücken ist mehr gehoben) als der entsprechende deutsche Laut, welchen Vietor als dorsal-alveolar oder dorsal-postdental bezeichnet. Ferner sind im Englischen niemals die Lippen bei der Bildung des Lautes beteiligt.

Eine noch stärker palatalisierte Nebenform des *sh* und *zh* entsteht im Englischen nach *t* und *d*, wie church *tshaatsh*, George *dzhaadzh*, indem der Zungenrücken sich hebt und der *j*-Stellung nähert. Dieser palatalisierte Laut findet sich nicht nur in Wörtern wie den genannten also wo man ch, g oder j schreibt, sondern er hat den *j*-Laut in unbetonten Silben nach *t* und *d*, wie in nature *nęęi'tshə*, soldier *sooul'-dzhə*, oder sogar beim Zusammenstoss solcher Wörter wie hit you *hit'shu*, would you *wud'zhu*, verdrängt. — Nach *t* wird wohl hier allgemein palatalisiertes *·sh* ausgesprochen, während nach *d* vielleicht eben so oft ein *j* gehört wird, wie in odious *oou'djəs*, tedious *tü'djəs*; so findet Sweet keinen Unterschied zwischen Verbindungen wie «nay church» und «nature», in odious dagegen findet er nur ein vorgeschobenes *j*. In einzelnen Wörtern wie soldier, grandeur, verdure ist jedoch sicher das *zh* allgemein geworden. Nach Vietor § 83 mit Anm. 1 ist *dzh* statt *dj* nur vor auslautendem -ə, wie in den eben genannten Wörtern, eingetreten. In unbetontem Auslaute wird das *zh* gegen das Ende devokalisiert, so dass z. B. language beinahe wie *läŋ'gwidsh* lautet.

§ 15. *f. v.* Englisches *f* ist meines Wissens nicht vom deutschen *f* verschieden. — Englisches *v* dagegen wird energischer ausgesprochen und ist niemals wie häufig anlautendes norddeutsches *v* in wie, werden ein reducierter Laut (vgl. Sievers S. 150). Im Englischen ist die Friktion zwischen der Unterlippe und den Oberzähnen sehr stark, besonders, wie auch Storm bemerkt, im Auslaute, wo ich abweichend von Sievers keine Spur von Devokalisation finde.[1] — Noch ver-

---

[1] Sievers meint S. 114, dass sowohl *v* wie *ð* und *z* im Englischen gegen das Ende devokalisiert werden. Ich finde, dass dies nur beim *z*

schiedener vom englischen Laut ist das mittel- und süddeutsche bilabiale *v* (Victor § 100 Anm. 1, das auf ein englisches Ohr zunächst den Eindruck eines unvollkommenen *w* macht, wie auf der anderen Seite ein reduciertes, labiodentales *v* dem bilabialen Laute sehr ähnlich klingt.

§ 46. *w, ṷ*. Die Eigentümlichkeit des englischen *w* besteht nicht nur in seinem bilabialen Charakter, sondern darin, dass die Zunge gleichzeitig die Stellung eines englischen *u* einnimmt. Es ist daher ein englisches *u* mit labialem Geräusch oder «konsonantisiertes *u*«. Dabei ist, wie Sweet § 126 hervorhebt, zu bemerken, dass die Wangen zusammengedrückt werden und, was Sweet «cheek-rounding» nennt, bilden, wodurch die Lippen sich vorstülpen. — Das französische o u in oui ist offener, das Lippengeräusch ist schwächer, und die Zunge nimmt eine Mittelstellung zwischen französischem *u* (in foule) und *o* (in eau' ein[1]), wodurch der Laut, wie Storm sagt, mehr vokalisch wird. Das tonlose *w* wird nicht mehr von allen regelmässig ausgesprochen, ausser in der feierlichen Rede: gewöhnlich spricht man in Wörtern wie what, which tönendes *w* aus: *wŏt, witsh*; siehe Sweet S. 112; — nach *k* und *t* wie queen *kwiin*, twice *twais* ist wohl die erste Hälfte des *w* tonlos.

3. Die Nasale und *l*.

§ 47. Von den Nasalen unterscheiden sich *ŋ*, wie in sing, und *m* wohl nicht von den entsprechenden deutschen Lauten. Vor *f* wie in comfort, triumph wird das *m* labiodental gebildet wie auch im Deutschen der Fall ist Victor § 130 Anm. 1). Das *n* ist, wie *d* und *l*, alveolar; die mittlere Partie der Zunge wird dabei gesenkt, wodurch der Laut einen tieferen Klang bekommt. Im Auslaute wird das *n* bisweilen zu einem blossen Gleitlaute reduciert, indem die Stimme mit dem Einnehmen der *n*-Stellung aufhört, so dass höchstens ein nasaler Hauch gebildet wird; vgl. Sweet § 245. — Über sonantisches *n* siehe unten § 49.

---

und *zh* der Fall ist; bei *ð* und *r* hört die Stimme erst mit dem Luftstrome auf.

1) Wohl ziemlich identisch mit dem langen norw. *o* in sol.

§ 48. Das englische *l* hat einen tieferen und volleren Klang als das gewöhnliche kontinentale, besonders das französische *l*, was, wie ich glaube, zunächst davon kommt, dass die mittlere Partie der Zunge, wie beim *n*, aber in höherem Grade, niedergedrückt wird. Um diesen eigentümlichen Klang des *l* hervorzubringen finde ich es nicht notwendig, den Laut halbguttural zu sprechen, weshalb ich ehemals den gutturalen Charakter des englischen *l* völlig geleugnet habe. Ich glaube jedoch jetzt, dass auslautendes englisches *l*, wie in well, gegen das Ende gutturalisiert wird, indem die Zungenwurzel sich gegen den weichen Gaumen hebt (vgl. Victor § 96); mit dieser Hebung der Zunge tritt ein neuer Expirationsdruck ein, so dass der Laut zweigipfligen Akzent bekommt (siehe Sievers S. 166 flg.'. Im An- und Inlaute dagegen halte ich noch den Laut für nicht-guttural: auch ist der Akzent hier natürlich nur eingipflich. — Es ist gewiss unrichtig, wenn Sievers § 21 Schluss' im Englischen tonloses *l* 'und *n*) annimmt; in Wörtern wie felt tent ist das *l* und *n* ebenso tönend wie in felled, tend; nur wird es wie gewöhnlich vor tonlosen Konsonanten verkürzt; siehe unten § 51, II, 3: Sweet, Hist. of E. S. S. 74.[1])

§ 49. Sowohl *n* wie *l* fungieren im Englischen oft sonantisch oder silbenbildend, indem sie sich einem vorangehenden Konsonanten ohne Beihülfe eines Vokals anschliessen. (Über die Begriffe Sonant und Konsonant siehe Sievers S. 30 flg.; Dies geschicht nach Konsonanten, deren Artikulationsform der des *n* und *l* entweder so nahe liegt, dass beim Übergang zu dem folgenden Laute keine wesentliche Änderung in der Zungenstellung nötig ist, oder so fern, dass die zwei Artikulationen unabhängig von einander geschehen können.

1) Nach anderen Lauten der Vorderzunge (ausser *sh*, *zh*. *r*.: bottle *bọt'l*, fatal *fẹẹ̈'tl*, saddle *säd'l*, beadle *bȋ̈'dl*. flannel *flän'l*, final *faï'nl*. vessel *vẹs'l*, nasal *nẹẹ̈'zl*: mutton *mṇt'n*, beaten *bȋ̈'tn*, madden *mäd'n*. burden *b..'dn*, fallen *faa'ln*. prison *priz'n*. season *sȋ̈'zn*. mason *mẹẹ̈'sn*.

2) Nach *k* und *g*: pickle *pik'l*, rascal *räs'kl*, struggle
strŋ'l, frugal *fruu'gl*: reckon *rĕk'n*, taken *tēēï'kn*, dragon
dräg'n .dräg'ən?,.
3ʹ Nach Lippenlauten· baffle *bäf'l*. trifle *traïfl.* travel
träv'l. naval *nēēï'vl*, apple *äp'l*, people *pii"pl* rabble *räb'l*,
able *ēēï'bl*. camel *käm'l*, formal *faa'ml*: often *ɔf'n*. orphan *aa'fn*. heaven *hĕv'n*, haven *hēēï'vn*. weapon *wĕp'n*.
open *oou'pn*. ribbon *rib'n*. woman *wum'n*, human *juu'mn*.
Hierüber, sowie die Ausnahmefälle, vgl. unten § 75.

§ 50.   Einen eigentümlichen Platz nimmt der *h*-Laut ein.
Eigentlich sollte man nicht von dem *h*-Laut, sondern von den
h-Lauten sprechen, da ein einzelnes *h* in derselben Bedeutung
wie z. B. ein *n* oder *s* gar nicht existiert. Was wir mit *h*
meinen, ist eigentlich nur eine tonlose Nebenform eines folgenden Lautes, bisweilen von einer gewissen Zusammenziehung
der Stimmbänder begleitet. Auch wenn man ein isoliertes *h*
hervorzubringen sucht, müssen ja die Mundorgane eine gewisse
— vielleicht nicht sonst existierende — Lautstellung einnehmen; diese Lautstellung wechselt aber nach den folgenden
Lauten, so dass wir mit dem Zeichen h in Wirklichkeit tonlose Varietäten der Laute. vor welchen ein *h* gesprochen wird,
darstellen; so bezeichnen z. B. h a *aa*, h e *ee*, h r *rr*, hl *ll*, h n
nn[1] u. s. w. Wenn dabei eine Zusammenziehung der Stimmbänder stattfindet, mischt sich also mit dem tonlosen Vokal
oder Konsonanten ein Kehlkopfgeräusch, das von verschiedener
Stärke sein kann und bisweilen als selbständiges Element auf-
gefasst wird; dies scheint jedoch in den gewöhnlichen Kultur-
sprachen, die ein *h* überhaupt besitzen, niemals der Fall zu
sein. Über das Wesen des *h*-Lautes vgl. auch Trautmann
§§ 202—204. — Nach Sievers S. 111, und Victor (§ 68 mit
Anm. I unterscheidet sich das englische *h* deutlich vom deutschen, das Sievers als eine tonlose Kehlkopfspirans bezeichnet. Nach Victor besteht der englische *h*-Laut «in einem
Hauch, der weniger stark ist als deutsches *h* und sofort noch
merklich schwächer wird, ehe der folgende Vokal ertönt». —

---

1) Dies ergibt sich auch aus der herkömmlichen Schreibweise in den
verschiedenen Sprachen; so finden wir wohl h in Verbindungen wie hv,
hw, hl· *rr*, *ww*, *ll*, nicht aber vor tonlosen Lauten wie hf, hs, weil dies
nur *ff*, *ss* geben würde.

Es ist aber zu bemerken, dass im Englischen das *h* in Wirklichkeit ein künstlicher Laut ist, dessen Vorhandensein in der Aussprache geradezu als ein Merkmal der Bildung gilt: im Munde des Ungebildeten ist der *h*-Laut gewöhnlich verschwunden.[1]

Quantität und Silbentrennung.

§ 51. I. Man unterscheidet im Englischen drei Stufen der Vokalquantität, nämlich vgl. Vietor § 149 :

1) **lang**, entweder in **offener Silbe** oder vor einem **tönenden Konsonanten**: see *sii*, seeking *sii'kiɳ*, seed *siid*, fade *fęęid*, raise *ręęiz*, bode *booud*.

2) **halblang**, das ich in meiner gewöhnlichen Lautschrift nicht von lang unterscheide, bei ursprünglich langen Vokalen in **geschlossener Silbe** vor **tonlosen Konsonanten**: seek *sïik*, seat *sïit*, fate *fęęit*, race *ręęis*, boat *boout*. Doch scheint *aa* immer lang zu sein, a r t *aat* wie in a r m *aam*.

3) **kurz**, immer in **geschlossener Silbe**: unbetont auch in **offener**: sick *sik*, sit *sit*, fat *füt*: body *bod'i*, pity *pit'i*, baker *bęęi'kɔ*, potato *pɔ·tęęi'to*, value *cäl'ju*.

II. Die Konsonanten, deren Quantität ich auch in der gewöhnlichen Lautschrift unbezeichnet lasse, sind

1) **lang im Auslaute nach kurzem Vokal**: m a n *mün*, god *god*, full *ful*, but *bnt*.

2) **kurz im Auslaute nach langem Vokal** und überall sonst im An- und Inlaute (vgl. unten): mean *miin*, gaud *gaad*, fool *fuul*, travel *träv'l*, beggar *bęg'ɔ*, baker *bęęi'kɔ*.

3) **von zwei auslautenden Konsonanten ist der letztere immer kurz**: der erstere ist **lang** vor einem tönenden, **kurz** vor einem tonlosen Konsonanten: begs *bęgz*, beds *będz*, robs *robz*, comes *knⁿ̄z*; build *bïld*, sins *sïnz*; dagegen built *bïlt*, since *sins*.

---

1 Das Verhältnis wird gewöhnlich so dargestellt, als vertauschten die Ungebildeten die Fälle mit und ohne *h* und sagten also z. B. a i l statt h a i l, h a l e statt a l e. Dies trifft nicht ganz zu. Eigentlich ist in der Vulgärsprache das *h* überall ausgefallen; da man aber weiss, dass in der gebildeten Sprache ein *h* gewissen Wörtern vorangesetzt wird, versucht man natürlich dies nachzuahmen, trifft aber nicht immer das rechte, wodurch leicht Vertauschungen wie die erwähnten entstehen können.

III. Hieraus ergeben sich für die Silbenquantität folgende Regeln:

1. einsilbige Wörter sind immer lang (oder halblang; hier haben wir zwei Fälle:

a. der Vokal ist lang halblang): see *sii*. ale *ẹẹil*. scek *sük*.

b. der Vokal ist kurz, der nachfolgende Konsonant lang: sick *sik,* man *män̄*. god *gọḍ*. full *fuḷ*. but *bṵ̣t*.

Hier findet jedoch oft eine Verschiebung der Quantität statt, indem die Länge auf den Vokal übertragen wird; so spricht man oft *mään* statt *män̄*. *hẹẹd* statt *hẹḍ*. *fiil* statt *fiḷ*. *gọọd* statt *gọḍ,* *fuul* statt *fuḷ* u. s. w. Dies ist in der vulgären Sprache zum Teil völlig durchgeführt. man hört es aber auch, besonders *üü* und *ọọ*. unter den Gebildeten. Doch muss hierbei bemerkt werden, dass die auf diese Weise verlängerten *ii* und *uu* niemals mit den entsprechenden wirklichen Längen in feel und fool vermischt werden, indem sie den diphthongischen Charakter der letzteren entbehren (vgl. oben §§ 25, 28 und Sweet, A History of E. S. S. 73 flg.); auch wird *ọọ* von dem langen *uu* ebenso distinkt gehalten wie *ẹẹ* von *ẹẹi*.

2) In mehrsilbigen Wörtern ist die betonte Silbe lang nur wenn der Vokal lang ist: father *faa'ðə*. duty *djuu'ti*, baker *bẹẹi'kə*; dagegen manner *män'ə*. beggar *bẹg'ə*. pity *pit'i*.

3) Unbetonte Silben sind regelmässig immer kurz: ago *ə·goou*, remedy *rẹm'idi*. beggar *bẹg'ə*. pity *pit'i*. Doch wird ein unbetonter, nachtoniger Vokal oft verlängert: *pit'ii*. *bẹg'əə*. vielleicht um den Quantitätsverlust der ersten Silbe zu ersetzen: denn ein regelmässiges *bẹg'ə*, *män'ə* ist in Wirklichkeit kürzer als das einsilbige *bẹg*. *män* (oder *bẹẹg*, *mään*. — Diese Verlängerung trifft sehr häufig das *ə* nach *ii* wie in hear *hii'ə*, dear *dii'ə*. wofür *hiəə*. *diəə* auftritt, indem das *ii* beinahe zu einem blossen Gleitlaut reduciert wird, so dass die Verbindung wie ein unechter oder steigender Diphthong betrachtet werden kann (vgl. Sievers S. 125 Anm. 6 und Trautmann § 375). Solche Längenverschiebung trifft auch bisweilen andere Verbindungen wie pure. sure, welche wie *pjəə*. *shəə* statt *pjuu'ə*, *shuu'ə* lauten; siehe Storm S. 114. Ich habe in meiner Lautschrift diese Wörter zweisilbig. *hii'ə*. *pjuu'ə* markiert. was jedoch vielleicht nicht allgemeinen Beifall gewinnen wird.

§ 52. Bei der Silbentrennung gilt für die Konsonanten folgendes:

1) Ein einzelner Konsonant[1], zwischen zwei Vokalen tritt

a. zu der ersten Silbe, wenn diese kurz und betont ist: beggar *bęg'ə*, pretty *prit'i*, manner *män'ə*, very *vęr'i*, pity *pit'i*. Genauer bestimmt liegt wohl hier, wie Sievers (S. 173) bemerkt, die Silbentrennung im Konsonanten selbst: praktisch muss aber der Konsonant zur ersten Silbe gerechnet werden.

b. zur zweiten Silbe, wenn der vorangehende Vokal entweder lang oder unbetont ist: baker *bęęi˘kə*, sailing *sęęi˘liŋ*; alone *ə'looun*, attempt *ə'tęmt*.

2 Zwei verschiedene Konsonanten gehören je zu einer Silbe: rascal *räs'kl*, finding *fain'diŋ*. — Doch treten muta cum liquida sowie *tsh* und *dzh* nach langem Vokal zur folgenden Silbe, wie patron *pęęi˘trən*, nature *nęęi˘tshə*, verdure *rəə'dzhə*.

Zweiter Abschnitt.

Die Lautwerte der englischen Lautzeichen.

Vorbemerkungen.

§ 53. Da ich in diesem Abschnitte zur Aussprache der Buchstaben übergehe und daher nicht vom Laute selbst, sondern von den Lautzeichen ausgehe, muss ich natürlicher Weise die herkömmliche englische Orthographie der Behandlung zu Grunde legen. Wenn ich also von offener oder geschlossener Silbe rede, so ist damit überall die orthographische Silbe gemeint, gleichviel ob sie phonetisch offen oder geschlossen ist: Wörter wie fate˙, acid werden daher fa-te, a-cid geteilt, obschon das a hier phonetisch in geschlossener Silbe steht: *fęęit*, *äs'id*, indem ich der gewöhnlichen Regel, einen einzelnen Konsonanten zur nächsten Silbe zu rechnen, folge. Zwei Konsonanten inmitten eines Wortes

---

1 Da zwei Konsonanten im Englischen nur wie einer gesprochen werden, sind Fälle wie happy, beggar, appear auch hierzu zu rechnen.

werden zu je einer Silbe gerechnet; doch treten muta cum liquida sowie die Verbindungen fl und st zur folgenden Silbe über, so dass der vorhergehende Vokal wie in offener Silbe stehend behandelt wird: ha-ste, me-tre, tri-fle u. s. w.

§ 54. Folgende Ableitungsendungen wirken auf die Aussprache des Stammwortes nicht ein und werden daher in den gegebenen speciellen Regeln nicht berücksichtigt:

1. ful: graceful *greeis'fl*; careful *kee'əfl*.

2. less: boneless *booun'lis*; useless *juus'lis*.

3. ness: idleness *ai'dlnis*; lameness *leeim'nis*: forgiveness *fə·giv'nis*.

4. ment: punishment *pvn'ishmənt*: judgment *dzhvdzh'mənt*.

5. er, or: nomina agentis wie baker *beei'kə*; sailor *seei'lə*.

6. ce (von Adjektiven auf nt): silence *sai'lns*; residence *rez'idəns*; evidence *ev'idəns*, providence *prov'idəns*: prudence *pruu'dns*; presence *prez'ns*; valiance *väl'jəns*.

7. ance (von Verben auf e): guidance *gai'dns*, contrivance *kən·trai'vns*; assurance *ə·shuu'rəns*.

8. cy (von Wörtern auf t): secrecy *sii'krisi*; prophecy *prof'i·sai*: decency *dii'snsi*.

9. al: bridal *brai'dl*; fatal *feei'tl*; naval *neei'vl*; arrival *ə·rai'vl*: burial *ber'iəl*; approval *ə·pruu'vl*. — Ausnahmen sind national *näsh'ənəl* von nation *neei'shən*; natural *nät'shərəl* von nature *neei'tshə*.

10. (s)ive: evasive *i·veei'siv*; decisive *di·sai'siv*; abusive *ə·bjuu'siv*.

11. ous: famous *feei'məs*; limous *lai'məs*; desirous *di·zai'rəs*; vinous *vai'nəs*. Ausnahme zealous *zel'əs* von zeal *ziil*.

12. ish: Danish *deei'nish*; swinish *swai'nish*: dimish *dim'ish*: feverish *fü'vərish*: Romish *roou'mish*.

13. y: navy *neei'vi*; starry *staa'ri*: handy *hän'di*; hasty *heeis'ti*: barony *bär'əni*.

14. ly: kindly *kaind'li*; Ausnahme cleanly *klen'li* (adjektivisch von clean *kliin*.

15. ry: babery *bęęi'bri*; bribery *brai'bri*; pastry *pęęis'tri*; blazonry *blęęi'znri*; rivalry *rai'elri*.

16. able: blamable *blęęi'məbl*; notable *noou'təbl*.

17. ism: paganism *pęęi'gənizm*; patriotism *pęęi'triotizm*.

18. ist: latinist *lät'inist*; fatalist *fęęi'təlist*.

19. ize: legalize *lii'gə·laiz*; vocalize *voou'kə·laiz*; realize *rii'ə·laiz*; civilize *siv'i·laiz*.

20. Die Biegungsendungen s. ing, ed: bakes *bęęiks*; baking *bęęi'kiŋ*; baked *bęęikt*.

Die Aussprache der englischen Vokale.

Erste Abteilung: In betonter Silbe.

§ 55. A hat sieben Lautwerte: *aa, ä, ęęi, ęę, ę, ə, au*; vgl. Trautmann § 346 flg.

I. *aa* meist nur in geschlossener Silbe; in wenigen Wörtern auch in offener.

A. in **geschlossener** Silbe:

1) vor auslautendem r (auch am Ende einer Silbe, wenn die nächste Silbe nicht mit r anfängt) und vor r + Kons.; in beiden Fällen ist das r stumm: far *faa*, star *staa*, to char *tshaa*, farther *faa'ðə¹*, marble *maa'bl*, sarcasm *saa'kəzm*, barbarism *baa'bərizm*, harvest *haa'vist*, parcel *paa'sl*, pardon *paa'dn*, arms *aamz*, art *aat*, march *maatsh*, charge *tshuadzh*, parse *paas*, starve *staav*. So auch Ableitungen wie tarry *taa'ri* von tar, starry *staa'ri* von star, obschon dabei die Verbindung arr + Vok. entsteht.

Ausnahmen: a) Wörter mit w oder qu vor dem a, siehe VII, 4; b) Wörter mit der Verbindung arr + Vok. s. II, A; c) char *tshęę* 'Tagewerk', scarce *skęę'əs*.

2) vor lf, lv und lm, in welchen Verbindungen l stumm ist: half *haaf*, calf *kaaf*, mit der Mehrzahl von diesen halves *haavz*, calves *kaavz*, calm *kaam*, psalm *saam*, balm *baam*, alms *aamz*, malmsey *maam'zi*; in einigen Wörtern schwankt die Aussprache wie salve *saav* und *sälv*, psalmist *saa'mist* und *säl'mist*, psalmody *saa'mədi* und *säl'mədi*; im Allgemeinen

---

¹ Mit father vollkommen gleichlautend; siehe Sweet, History of Engl. Sounds S. 71; so ist auch arms = alms *aamz*.

herrscht die Aussprache mit *aa* in populären Wörtern, während *äi* den gelehrten Wörtern eigen ist, vgl. § 123. 5.

Ausnahmen: halfpenny *hẹẹ'pəni*, halfpence *hẹẹ'pns*, halm *haam*; merke: salmon *säm'n*, almanac *aa(l)'mənək*, almond *aa'mənd*.

3, vor th: path *paap*. bath *baaþ*.

Ausnahmen: wrath *rääþ* wegen des w, und das poetische hath *hääþ* von to have.

4) vor ss, sk, sp, st:

a. ss: ass *aas*. glass *glaas*. bass *baas* Binsenmatte), bassrelief *baas'ri·liif*. lass *laas*. mass *maas*.

Ausnahme: bass *bẹẹis* Bass .

b. sk: ask *aask*, bask *baask*, cask *kaask*.

c. sp: asp *aasp*. clasp *klaasp*. hasp *haasp*. rasp *raasp*.

d. st: bast *baast*, cast *kaast*. aghast *ə·gaast*: so auch castle *kaa'sl*. nasty *naas'ti*, master *maas'tə*. plaster *plaas'tə*.

Ausnahmen zu c, und d : mit w anlautende Wörter, s. VI, A. 1: sowie das poetische hast *häst* von to have.

5) vor nce, nch, nt:

a. nce: askance *ə·skaans*, chance *tshaans*, dance *daans*. enhance *in·haans*.

b. nch: blanch *blaansh*, branch *braansh*: hier schreibt man zum Teil auch au wie launch, staunch, s. unten § 65.

c. nt: ant *aant*, grant *graant*. chant *tshaant*. gauntlet *gaant'lit*. advantage *əd·vaan'tidzh*: so auch die zusammengezogenen Formen an't *aant* oder *ęęint* are not , can't *kaant* (cannot), han't *haant* have not., shan't *shaant* (shall not. — Die Aussprache ist in einigen Wörtern jedoch etwas schwankend, indem die alte Aussprache mit *ä* noch oft gehört wird, z. B. *änt* im Gegensatz zu aunt *aant*: gewöhnlich spricht man cant *känt*, pant *pänt*, rant *ränt*, scanty *skän'ti*: auch die Orthographie schwankt, indem mehrere dieser Wörter auch au haben, wie haunt, taunt, vaunt, wonach die Aussprache zwischen *aa* und *ää* wechselt: letzteres findet sich meist in selteneren Wörtern wie vaunt. Vgl. auch unten § 65.

Ausnahme: want *wǫnt*, wegen des w.

6 vor ff und ft: staff *staaf*. chaff *tshaaf*, after *aaf'tə*. abaft *ə·baaft*. draft *draaft*, waft *waaft*. quaff *kwaaf*: so auch gewöhnlich telegraph *tẹl'i·graaf* und epitaph *ęp'i·taaf*. von einigen auch mit *ä* gesprochen.

7) vor nd in einigen französischen Wörtern: command *kɔˑmaaud*. demand *dᵢˑmaaud*. expand *ikˑspaaud*.

Anmerkung zu 4—7: Die ältere Aussprache von a = *ä* in den 4—7 genannten Wörtern hört man besonders noch von älteren Leuten und in feierlicher Rede, indem sie von vielen als «korrekter» angesehen wird. In einigen Wörtern wie cant hat sie sich allgemein gehalten; im Grossen und Ganzen wird sie aber nun als veraltet oder affektiert betrachtet. Dagegen meinen die meisten Engländer, dass der Laut *aa* in diesen Wörtern etwas verschieden vom gewöhnlichen *aa* sei und eine Mittelstufe zwischen diesem und dem veralteten *ä* bilde. Über diesen Laut, das sogenannte «Smart's Compromise» siehe oben § 22; vgl. Trautmann § 355.

B) In **offener** Silbe findet sich *aa* nur in sehr wenigen Wörtern, nämlich: father *faaˊðɔ*, rather, *raaˊðɔ*. are *aa*. zu to be, pa *paa*. ma *maa* Papa, Mama. Die übrigen hieher gerechneten Wörter wie drama *draaˊmɔ* sind als Fremdwörter anzusehen und werden als solche unten § 121 behandelt werden.

II. *ä*, sowohl in geschlossener wie in offener Silbe.

A) in **geschlossener** Silbe, regelmässig überall ausser den in I. A erwähnten Fällen: cab *käb*. chap *tshäp* Kunde), had *häd*. back *bäk*. fact *fäkt*. tax *täks*. hand *händ*. has *häz*; besonders ist zu merken vor ll und rr mit folgendem Vokal: arrow *ärˊo*, carry *kärˊi*. tarry *tärˊi*. marry *märˊi*, barren *bärˊɔn*, hallow *hälˊo*, shallow *shälˊo*. tallow *tälˊo*.

Ausnahmen: mit w oder qu anlautende Wörter siehe VI, A, 2; ferner yacht *jɔt*, chap *tshɔp* Kinnbacken.

B) in **offener** Silbe, regelmässig in allen französischen Wörtern:

1) in vorletzter Silbe in Wörtern, die auf einen Konsonanten enden: acid *äsˊid*. arid *ärˊid*. rapid *räpˊid*. valid *välˊid*, placid *pläsˊid*: magic *mädˊzhik*. panic *pänˊik*, tragic *trädˊzhik*, barbaric *bɔˑbärˊik*. mathematics *mäpˊiˑmätˊiks*: lavish *lävˊish*, ravish *rävˊish*, banish *bänˊish*, vanish *vänˊish*. parish *pärˊish*, matin *mätˊin*. latin *lätˊin*, satin *sätˊin*, cabin *käbˊin*, habit *häbˊit*. enamel *iˑnämˊl*. panel *pänˊl*. travel *trävˊl*, chapel *tshäpˊl*, camel *kämˊl*. gravel *grävˊl*, talent *tälˊnt*, patent *pätˊnt* (auch *pᵉᵉiˊtnt*), apparent *ɔˑpärˊɔnt*, tavern *tävˊɔn*. cavern *kävˊɔn*. planet *plänˊit*. valet *välˊit*. claret *klärˊit*. carat *kärˊɔt*. baron *bärˊɔn*, talon *tälˊn*. canon *känˊɔn*. atom *ätˊɔm*. manor *mänˊɔ*. valour *välˊɔ*, damask *dämˊɔsk*. salad *sälˊɔd*, carol *kärˊɔl*. fagot *fägˊɔt*.

Ausnahmen: agent *ĕĕ'dzhənt*, apron *ĕĕ'prən*, bacon *bĕĕ'kn*, basin *bĕĕ'sn*, blazon *blĕĕ'zn*, mason *mĕĕ'sn*, caper *kĕĕ'pə* (beide Wörter, franz. caprer und câpre,, cater *kĕĕ'tə* (beide Wörter, franz. acater und quatre), paper *pĕĕ'pə*, wafer *wĕĕ'fə*, favour *fĕĕ'və*, flavour *flĕĕ'və*, savour *sĕĕ'və*, labour *lĕĕ'bə*, vapour *rĕĕ'pə*, nasal *nĕĕ'zl*, natal *nĕĕ'tl*, papal *pĕĕ'pl*, label *lĕĕ'bl*, mavis *mĕĕ'vis* (Drossel), parent *pĕĕ'rənt*. — Von diesen Ausnahmen schliesst sich blazon natürlich an blaze *blĕĕz* an; nasal, natal, papal sind wohl anderen Ableitungen auf -al, wie fatal von fate *fĕĕt*, beigesellt worden; für die übrigen ist scheinbar kein Grund aufzufinden; einzelne können jedoch vielleicht als falsche Analogiebildungen erklärt werden; so könnte bacon den starken Participien auf -en wie taken, shaken, forsaken, und caper, cater, paper sowie die auf -our den nomina agentis auf -er gefolgt sein.

2) in drittletzter Silbe; von diesen Wörtern enden nicht wenige auf stummes e, so dass phonetisch das a hier in vorletzter Silbe steht: cavity *käv'iti*, gravity *gräv'iti*, suavity *swäv'iti*, vanity *rän'iti*, reality *ri·äl'iti*, hospitality *hos'pi·täl'iti*, family *fäm'ili*, animal *än'iməl*, radical *räd'ikəl*, amorous *äm'ə-rəs*, gratify *grät'i·fai*, comparison *kəm·pär'isən*, establishment *i·stäb'lishmənt*, companion *kəm·pän'jən* (siehe unten III, A, 2, Ausn.), facile *fäs'il*, imagine *i·mäd'zhin*, examine *ig·zäm'in*, famine *fäm'in*, granite *grän'it*, palate *päl'it*, traverse *träv'əs*, satire *sät'ə*, malice *mäl'is*, manage *män'idzh*, damage *däm'idzh*, savage *säv'idzh*, disparage *dis·pär'idzh*, balance *bäl'ns*, palace *päl'is*, statue *stät'shu*, value *väl'ju*, statute *stät'shət*, stature *stät'shə*; placable *pläk'əbl* auch mit *ĕĕ*.

Ausnahmen: a, Wörter, in welchen beim Zusammenstoss der beiden letzten Silben die Vokalverbindungen ea, ei, eo, ia, ie, io, iu entstehen, siehe unten III, A, 2; b) die Wörter nature *nĕĕ'tshə*, native *nĕĕ'tir*, legislative *lĕd'zhis·lĕĕ'tir*, ague *ĕĕ'gju*.

3) in viert- und fünftletzter Silbe oder noch weiter zurück: hier hat das a meist nur Nebenakzent. Einige Wörter enden auf stummes e: patrimony *pät'riməni*, matrimony *mät'riməni*, magistrate *mäd'zhis·strĕĕt*, navigate *näv'i·gĕĕt*, navigable *näv'igəbl*, charitable *tshär'itəbl*, avenue *äv'n·ju̇u*, matrimonial *mät'ri·moou̇n''jəl*, manufacture *män'jə·fäk''tshə*, satisfaction *sät'is·fäk''shən*, habitation *häb'i·tĕĕ'shən*, variation *vär'i·ĕĕ'shən*, imagination *i·mäd'zhi·nĕĕ''shən*, gratification *grät'ifi·kĕĕ''shən*, manifestation *män'ifəs·tĕĕ''shən*, valetudinarian *väl'i·tjuudi·nĕĕ''riən*.

4 in den folgenden englischen Wörtern: fathom *fäð'əm*, gather *gäð'ə*, lather *läð'ə*, slaver *släv'ə* (Speichel), shadow *shäd'o*, Saturday *sät'ədi*; so auch Spanish *spän'ish*.

III. *ẹẹi.* wesentlich nur in offener Silbe, in wenigen Wörtern in geschlossener.

A) in offener Silbe:

1) in **vorletzter** Silbe in allen Wörtern, die auf stummes e enden: ale *ẹẹil*, bane *bẹẹin.* lame *lẹẹim.* maze *mẹẹiz.* rage *rẹẹidzh.* ape *ẹẹip,* late *lẹẹit.* mace *mẹẹis.* paste *pẹẹist.* waste *wẹẹist.* haste *hẹẹist.* chaste *tshẹẹist,* able *ẹẹi″bl.* fable *fẹẹi″bl.* sable *sẹẹi″bl.* stable *stẹẹi″bl.* table *tẹẹi″bl.* mit einer Menge von Ableitungen; so auch bracelet *brẹẹis′lit,* capable *kẹẹi″pəbl.* papist *pẹẹi″pist* u. A. vgl. II, B, 1, Ausn.

Ausnahmen: have *häv,* bade *bäd* von to bid, ate *ẹt* oder *ẹẹit* von to eat; merke axe *äks.*

2) in **drittletzter** Silbe in französischen Wörtern mit den Vokalverbindungen ea, ei, eo, ia, ie, io: atheist *ẹẹip′-jist.* extraneous *ik·strẹẹin′jəs,* labial *lẹẹib′jəl.* radiant *rẹẹid′jənt.* salient *sẹẹil′jənt,* patient *pẹẹi′shənt.* brazier *brẹẹi″zhə.* Saviour *sẹẹir′jə.* nation *nẹẹi″shən.* gracious *grẹẹi″shəs.* contagion *kən·tẹẹi″dzhən:* die Ableitungsendung -ation *ẹẹi″shən.*

Ausnahmen. Diejenigen, welche io mit einem anderen vorhergehenden Konsonanten als s, c, z, g, t haben, haben *ä,* vgl. II, B, 2: companion *kəm·pän′jən,* battalion *bə·täl′jən,* fashion *fäsh′ən,* sowie spaniel *spän′jəl,* valiant *väl′jənt,* retaliate *ri·täl′jẹẹit,* espalier *i·späl′jə.*

3) in den **folgenden** englischen Wörtern: acorn *ẹẹi·kään,* chafer *tshẹẹi″fə.* hazel *hẹẹi″zl.* haven *hẹẹi″vn,* lady *lẹẹi″di,* navel *nẹẹi″vl,* naked *nẹẹi″kid.* raven *rẹẹi″vn.* taper *tẹẹi″pə* und die Participien taken *tẹẹi″kn,* shaken *shẹẹi″kn.* forsaken *fə·sẹẹi″kn.*

Anmerkung. Wo dem a ein Vokal folgt, bilden im Allgemeinen die zwei Vokalzeichen zusammen nur einen Laut, worüber Näheres unten § 61 flg.; zweisilbig kommt ai vor in laie *lẹẹi″ik* und laity *lẹẹi″iti,* sowie in gelehrten Wörtern.

B) in **geschlossener** Silbe nur in einigen französischen Wörtern vor nge: change *tshẹẹindzh.* arrange *ə·rẹẹindzh.* mange *mẹẹindzh* (Krätze, strange *strẹẹindzh.* manger *mẹẹin′dzhə.* danger *dẹẹin′dzhə,* angel *ẹẹin′dzhəl,* sowie in chamber *tshẹẹim′bə.* cambric *kẹẹim′brik.* ancient *ẹẹin′shənt.*

IV. *ẹẹ.* Der Laut ist eine Modifikation des *ẹẹi* vor r und kommt daher in ganz denselben Fällen wie der letztere Laut vor: hare *hẹẹ′ə.* stare *stẹẹ′ə.* spare *spẹẹ′ə,* area *ẹẹ′riə.* various *vẹẹ′riəs:* überdies in offener vorletzter Silbe in vokalisch auslautenden Wörtern. vary *cęę'ri*. wary *węę'ri*. chary *tshęę'ri*, canary *kɔ·nęę'ri*.

Ausnahme: are *aa* zu to be.

V. *ę*. Nur in any *ęni* und many *męn'i*; merke aber manifold *män'i·foould*.

VI. *ǫ*. Regelmässig nur nach w, wh und qu: die Wörter sind nicht zahlreich und bilden meistens Ausnahmen zu I. und II.

A) in **geschlossener** Silbe:

1) wasp *wǫsp* und das poetische wast *wǫst* zu to be): diese sind Ausnahmen zu I, 4.

2) Ausnahmen zu II, A: was *wǫz* zu to be), wash *wǫsh*. wallet *wǫl'it*, wallop *wǫl'ɔp*, wallow *wǫl'o*. walrus *wǫl'rɔs*, swallow *swǫl'o*. wabble *wǫb'l*, wad *wǫd*. waddle *wǫd'l*, wan *wǫn*, wand *wǫnd*, wander *wǫnd'ɔ*, want *wǫnt*. wanton *wǫnt'n*, watch *wǫtsh*, swamp *swǫmp*, swan *swǫn*, twattle *twǫt'l*, what *wǫt*. quash *kwǫsh*, quarrel *kwǫr'ɔl*, quarry *kwǫr'i*, quantity *kwǫn'titi*, squabble *skwǫb'l*, squadron *skwǫd'rɔn*, squander *skwǫn'dɔ*. — Der Hauptregel II, A folgen jedoch: wag *wäg*, waggon *wäg'ɔn*, wax *wäks*, swam *swäm* (zu to swim), swagger *swäg'ɔ*, quack *kwäk*, quagmire *kwäg'mai'ɔ*.

B) in **offener** Silbe; nur in wenigen Wörtern, nämlich: squalid *skwǫl'id*, squalor *skwǫl'ɔ*. qualify *kwǫl'i·fai*, quality *kwǫl'iti*.

VII. *aa*. Meist in geschlossener Silbe: zum Teil bilden auch diese Wörter Ausnahmen zu früheren Regeln.

A) in **geschlossener** Silbe:

1) vor auslautendem ll: all *ääl*, ball *bääl*. call *kääl*; so auch in withal *wið·ääl*, always *ääl'wiz*.

Ausnahme: shall *shäl* (soll.

2) vor ld, lt [1], ls: bald *bääld*, scald *skääld*, alder *ääl'dɔ*. caldron *kääl'drɔn*, halt *häält*, malt *mäält*, salt *säält*, alter *ääl'tɔ*, false *fääls*. palsy *pääl'zi*. balsam *bääl'sɔm*; so auch in palfrey *paal'fri* siehe Storm S. 109), chaldron *tshää'drɔn*, halser *hää'sɔ* auch hawser geschrieben, walnut *wää·nvt* oder *waal·nvt*.

Ausnahme: das poetische shalt *shält* zu shall.

---

1) Vor *it* scheint der Laut jedoch auch kurz = *ǫ* vorzukommen; so auch also *ǫl'so* neben *aal'sɔ*.

3) vor lk mit stummem l: chalk *tshääk*, stalk *stääk*. talk *taak*. walk *waak*: so auch falcon *fää'kn*.

4) Als Ausnahmen zu I, A, 1 in Wörtern mit w oder q u vor dem a: war *wää'ə*, ward *wäad*, warden *wää'dn*. warm *wääm*, warn *waan*. thwart *þwäat*, warrior *wää'riə*, quarter *kwää'tə*. swarm *swääm*. dwarf *dwääf*.

B in **offener** Silbe, das eine Wort water *wää'tə*.

§ 56. E hat sieben Lautwerte: *ę*, *ü*, *əə*, *çę*, *i*, *aa*, *çęi*, vgl. Trautmann § 370 flgg.

I. *ę*, sowohl in geschlossener wie in offener Silbe.

A) in **geschlossener** Silbe, regelmässig überall ausser vor auslautendem r oder r + Kons. (siehe III.): bed *będ*, end *ęnd*, get *gęt*, jelly *dzhęl'i* (Gelé); auch vor rr + Vokal: cherry *tshęr'i*, ferry *fęr'i*, merry *męr'i*, interrogate *in·tęr·o·gęęit*.

Ausnahmen: retch *riitsh* oder *rętsh*, English *in'glish*, pretty *prit'i*.

B) in **offener** Silbe, regelmässig in allen französischen Wörtern ausser vor Vokal und in vorletzter Silbe in Wörtern auf stummes e (siehe II, 2—3):

1) in vorletzter Silbe: levy *lęv'i*, very *vęr'i*, tepid *tęp'id*, intrepid *in·tręp'id*, gelid *dzhęl'id*, polemic *po·lęm'ik*, energetic *ęn'ə·dzhęt''ik*, epic *ęp'ik*, ethic *ęþ'ik*, relish *ręl'ish*, replenish *ri·plęn'ish*, perish *pęr'ish*, blemish *blęm'ish*, peril *pęr'il*, resin *ręz'in*, merit *męr'it*, inherit *in·hęr'it*, credit *kręd'it*. level *lęv'l*. rebel *ręb'l*, revel *ręv'l*, dishevel *di·shęv'l*, sever *sęv'ə*, tenet *tęn'it*, cement, Subst., *sęm'int* (als Verb. *si·męnt*), present *pręz'nt*, desert *dęz'ət*, medal *męd'l*, metal *męt'l*, pedant *pęd'nt*, tenant *tęn'ənt*, lemon *lęm'n*, felon *fęl'n*. tenor *tęn'ə*, herald *hęr'əld*, method *męþ'əd*, venom *vęn'əm*. envelop, Verb., *in·vęl'əp*, nephew *nęv'ju*.

Ausnahmen: cedar *sii'də*, meter *mii'tə*, decent *dii'snt*, recent *rii'snt*, gerent *dzhii'rənt*, legend *lii'dzhənd* auch *lęd'zhənd*, demon *dii'mən*, legal *lii'gəl*, penal *pii'nl*, cathedral *kə·pii'drəl*, secret *sii'krit*, hero *hii'ro*, Hebrew *hii'bru*. Einige dieser Wörter wie gerent, penal, legal sind jedoch wohl als gelehrte Wörter anzusehen: cedar, meter ist nur eine andere Schreibweise für cedre, metre (franz. cèdre, mètre) und gehören daher eigentlich unter II, 3.

2) in drittletzter Silbe; nicht wenige auf stummes e vgl. § 55. II, B, 2): benefit *bęn'ifit*. benedict *bęn'idikt*. elegant *ęl'igənt*, general *dzhęn'rəl*. generous *dzhęn'rəs*. Jesuit *dzhęz'uit*.

lenity *lęn'iti*, medical *męd'ikəl*, medicine *męd'sin*, pedigree
pęd'i·grii, remedy *ręm'idi*, resident *ręz'idənt*, president *pręz'-
idənt*, prevalent *pręv'ələnt*, crevice *kręv'is*, presage *pręz'idzh*,
menace *męn'is*, preface *pręf'is*, deluge *dęl'jədzh*, refuge *ręf-
·jədzh*, prelate *pręl'it*, senate *sęn'it*, tenure *tęn'jə*.

Ausnahmen: Wörter mit den Vokalverbindungen eo, ia, ie, io
(vgl. § 55. II, B, 2, Ausn.), siehe unten II, 4, sowie die Wörter vehe-
ment *vii'imənt*, female *fii'məl*; vehicle *vii'ikəl*.

3) in viert- und fünftletzter Silbe: hier hat das e gewöhnlich nur Nebenakzent: predecessor *pręd'i·sęs"ə*, necessary
nęs'isri, melancholy *męl'n·kol'i*; celebrate Verb. *sęl'i·bręęit*.
Adj. *sęl'ibrit*, separate *sęp'ə·ręęit* und *sęp'rit*, hesitate *hęz'i·tęęit*,
negative *nęg'ətiv*, relative *ręl'ətiv*, telescope *tęl'i·skooup*, venerable *ręn'rabl*, resolution *ręz'ə·luu"shən*, generosity *dzhęn'ə·
·ręs"iti*, generation *dzhęn'ə·ręęi"shən*.

Ausnahmen: Wörter mit den Präfixen de, pre, re, wenn diese ihre
ursprüngliche Bedeutung behalten haben; die hieher gehörigen Wörter sind
jedoch grösstenteils selten; von allgemein üblichen merke man: recollect
rii'kə·lękt', wieder sammeln, aber *ręk'ə·lękt'* erinnern; recover *rii'kuv'ə*,
wieder bedecken, aber *ri·kuv'ə*, wieder erlangen; resign *rii'sain*, wieder
unterzeichnen, aber *ri·zain*, aufgeben; resound *rii'saund*, wieder lauten,
aber *ri·zaund*, wiederhallen; recapitulate *rii'kə·pit'shə·lęęit* (wiederholen),
reproduce *rii'prə·djuus'*, presuppose *prii'sə·poouz'*, decompose *dii'kəm·poouz'*
(auflösen).

4 auch in englischen Wörtern, die nicht auf stummes
e enden, ist ę der regelmässige Laut: devil *dęv'il*, besom
bęz'əm, eleven *i·lęv'n*, ever *ęv'ə*, never *nęv'ə*, nether *nęð'ə*,
wether *węð'ə*, whether *węð'ə*, seven *sęv'n*, clever *klęv'ə*, together *tə·gęð'ə*.

Ausnahmen: evil *ii'vl*, even *ii'vn*.

II. *ii*. nur in **offener** Silbe:

1) im Auslaute: me *mii*, he *hii*, she *shii*, we *wii*: so
auch der bestimmte Artikel the *ðii*, wenn er betont ist.

2) vor Vokal: deist *dii"ist*, real *rii'əl*, theatre *þii'ətə*, idea
ai·dii"ə; am häufigsten bezeichnen die zwei Vokale nur einen
Laut, siehe unten § 62.

3) in vorletzter Silbe in Wörtern auf stummes e:
eve *iiv*, theme *þiim*, these *ðiiz*, cere *sii'ə*, here *hii'ə*, mere
mii'ə, adhere *əd·hii'ə*, accede *ək·siid*, complete *kəm·pliit*, con-
vene *kən·viin*, serene *si·riin*, metre *mii'tə*; hierzu gehört wohl

eigentlich auch fever *fii'və* mit unregelmässiger Orthographie,
franz. fièvre: doch schon im ags. **fefor, fefer.**
Ausgenommen: there ð*ęę'ə*, where *węę'ə*, und das poetische ere *çę'ə*
ehe : kurz in allege *ə'lędzh.*

1, in **drittletzter Silbe** in Wörtern mit den Vokalverbindungen **i a**, **ie** u. s. w. genial *dzhiin'jəl*, premier *priim'jə*,
previous *priiv'jəs*, tedious *tiid'jəs*, venial *viin'jəl*, period *pii'riəd*,
specious *spii'shəs*; so auch in **viert-** und **fünftletzter Silbe:**
appreciate *ə'prii''shęęit'*, ameliorate *ə'miil'jə·ręęit.*
Ausgenommen: precious *pręsh'əs*, special *spęsh'əl*, discretion *dis-
·kręsh'ən.*

III. *əə*, nur in **geschlossener Silbe** vor auslautendem r
und r + Kons.: err *əə*, her *həə*, deter *di·təə*, berth *bəəþ*, fern
fəən, mercy *məə'si*: sowie in were *wəə*, zu to be.
Ausgenommen: clerk *klaak* und sergeant *saa'dzhant.*

IV.—VI. *ęę, i* und *aa*, siehe die **Ausnahmen** zu I, A,
II. 4 und III.

VII. *ęęi*, in dem einen Worte eh *ęęi.*

§ 57. **I** hat drei Lautwerte: *i, ai, əə*, vgl. **Trautmann**
§ 396 flgg. [1])

I. *i*, sowohl in geschlossener wie in offener Silbe:

A, in **geschlossener** Silbe, regelmässig überall: bit *bit*,
chin *tshin*, fill *fil*, giddy *gid'i*, nimble *nim'bl*, thick *þik*, stirrup
stir'əp, cinder *sin'də*, hinder *hin'də*, kindle *kin'dl*, kindred *kin'-
drid*, window *win'do*, signal *sig'nəl.*
Ausnahmen: a) vor auslautendem r und r + Kons., s. III.; b) vor
gh, auslautendem nd und gn, s. II, B.; c) in den folgenden Wörtern:
isle *ail*, island *ai'lənd*, viscount *vai'kaunt*, mild *maild*, wild *waild*, child
tshaild, climb *klaim*, pint *paint*, Christ *kraist*, indict *in·dait.*

B, in **offener** Silbe, regelmässig sowohl in französischen
wie in englischen Wörtern ausser den II, A genannten:

1) in **vorletzter Silbe** französischer Wörter: city *sit'i*,
pity *pit'i*, privy *priv'i*, liquid *lik'wid*, livid *liv'id*, rigid *rid'zhid*,
frigid *frid'zhid*, insipid *in·sip'id*, pacific *pə·sif'ik*, diminish *di-
·min'ish*, finish *fin'ish*, civil *siv'il*, spirit *spir'it*, limit *lim'it*, visit
viz'it, exhibit *ig·zib'it*, prohibit *prə·hib'it*, solicit *sə·lis'it*, chisel
tshiz'l, river *riv'ə*, primer *prim'ə*, consider *kən·sid'ə*, deliver *di-
·liv'ə*, rivet *riv'it*, vicar *vik'ə*, brigand *brig'ənd*, lizard *liz'əd*,
visor *viz'ə*, wizard *wiz'əd*, liquor *lik'ə*, rigour *rig'ə*, vigour *vig'ə*.

---

[1] Über Wörter wie police *pə'liis*, siehe unten § 124 Schluss.

Ausgenommen: divers *daï'vɔz*, libel *laï'bl*, pilot *paï'lɔt*, vital *vaï'tl*; über einige mit unregelmässiger Orthographie siehe II, A, 3.

2) in drittletzter Silbe: sinister *sin'istɔ*, minister *min'-istɔ*, conspirator *kɔn·spir'ɔtɔ*. frigate *frig'it*, figure *fig'ɔ*, minute *min'it* (Subst.), continue *kɔn·tin'ju*; so auch Wörter mit den Vokalverbindungen e a, e o u. s. w.: linear *lin'jɔ*, hideous *hid'-jɔs*, delirious *di·lir'iɔs*, pigeon *pid'zhɔn*, filial *fil'jɔl*, die Ableitungsendung -ition *ish'ɔn*.

Ausgenommen: climate *klaï'mit*, private *praï'vit*, pirate *paï'rit*, licence *laï'sns*, silence *saï'lns*.

3) in viert- und fünftletzter Silbe: oft nur Nebenakzent: participate *pɔ·tis'i·pęęit*, diminutive *di·min'ɔtiv*, civilize *siv'i·laiz*, isolation *iz'ɔ·lęęi''shɔn*.

4) in vorletzter Silbe englischer Wörter: bishop *bish'ɔp*, British *brit'ish*, hither *hið'ɔ*, thither *ðið'ɔ*, whither *wið'ɔ*, wither *wið'ɔ*, widow *wid'o*, linen *lin'in*, shrivel *shriv'l*, snivel *sniv'l*, liver *liv'ɔ*, shiver *shiv'ɔ*, und die Participien: risen *riz'n*, driven *driv'n*, given *giv'n*.

Ausgenommen: spider *spaï'dɔ*.

II. *ai*, meist in offener Silbe, in einzelnen Fällen auch in geschlossener.

A) in **offener** Silbe:

1) vor Vokal: bias *baï'ɔs*, dial *daï'ɔl*, client *klaï'ɔnt*, diet *daï'it*, briar *braï'ɔ*, diadem *daï'ɔ·dem*, variety *vɔ·raï'iti*, science *saï'ɔns*, violent *vaï'ɔlɔnt*, giant *dzhaï'ɔnt*, dialogue *daï'ɔlɔg*, diamond *daï'ɔmɔnd*, quiet *kwaï'it*, triumph *traï'ɔmf*.

Ausgenommen: Einige Wörter mit i e, siehe unten § 72.

2) wo i allein eine Silbe bildet: idol *aï'dl*, idyl *aï'dil*, iron *aï'rɔn* oder *aï'ɔn*, irony *aï'rɔni*, ivory *aï'vɔri*, ivy *aï'vi*.

Ausgenommen: image *im'idzh*; idiot *id'jɔt* und idiom *id'jɔm* wegen io, siehe oben I, B, 2.

3) in vorletzter Silbe, in Wörtern auf stummes e: life *laïf*, wise *waïz*, vice *vaïs*; mitre *maï'tɔ*, title *taï'tl*, trifle *traï'fl*, idle *aï'dl*, bridle *braï'dl*, und mit unregelmässiger Orthographie: cider *saï'dɔ*, franz. cidre, tiger *taï'gɔ*, franz. tigre, cipher *saï'fɔ*, franz. chiffre: in den Endungen ize, ise *aiz* und ile, ine *ail*, ain, hat das i gewöhnlich nur Nebenakzent: siehe Vietor S. 85.

Ausgenommen: live *liv*, give *giv*.

B, in **geschlossener** Silbe:

1) vor g h, welches stumm ist: right *rait*. light *lait*, sight *sait*, night *nait*, knight *nait*, high *hai*, thigh *þai*.

2) vor auslautendem n d und g n (das g stumm): hind *haind*, rind *raind*. to wind *waind*. grind *graind*: assign *ə·sain*, benign *bi·nain*, design *di·zain*, resign *ri·zain* (aufgeben), rü·*sain* (wieder unterzeichnen), sign *sain*. Siehe übrigens I. A. Ausn. Ausgenommen: wind, Subst. *wind*; merke grindstone *grind·stən*.

III. ɔɔ. nur in **geschlossener** Silbe vor auslautendem r und r + Kons.: fir *fəə*. sir *səə*, stir *stəə*: birth *bəəþ*, chirp *tshəəp*, gird *gəəd*, birch *bəətsh*, girl *gəəl* vgl. Storm S. 94 Note), thirst *þəəst*.

§ 58. **O** hat acht Lautwerte: *ǫ, oou, ậậ, v, ɔɔ, u, uu, i*: vgl. Trautmann § 405 flg.

I. *ǫ*, sowohl in geschlossener wie in offener Silbe.

A) in **geschlossener** Silbe, regelmässig überall: bond *bǫnd*, job *dzhǫb*, knot *nǫt*, moss *mǫs*, cross *krǫs*[1], loss *lǫs*[¹], broth *brǫþ*, cloth *klǫþ*[1]), off *ǫf*[1]), foster *fǫs'tə* erziehen), morrow *mǫr'o*, sorrow *sǫr'o*, sorry *sǫr'i*.

Ausnahmen: 1) vor auslautendem r und r + Kons., siehe III.; 2) vor auslautendem ld, ll, lt und st, siehe II, B.; 3, = *v*, *u* und *uu* in einigen Wörtern, siehe IV, VI, VII.

B, in **offener** Silbe, regelmässig in den meisten **französischen** Wörtern (vgl. unten II. A und IV.

1) in **vorletzter** Silbe: copy *kǫp'i*, florid *flǫr'id*, solid *sǫl'id*, apostolic *äp'ə·stǫl''ik*, historic *hi·stǫr'ik*, astonish *ə·stǫn'-ish*, polish *pǫl'ish*. abolish *ə·bǫl'ish*; profit *prǫf'it*, reposit *ri-·pǫz'it*, robin *rǫb'in*, model *mǫd'l*, novel *nǫv'l*, proper *prǫp'ə*, prophet *prǫf'it*, closet *klǫz'it*, modest *mǫd'ist*, honest *ǫn'ist*, forest *fǫr'ist*, modern *mǫd'ən*, proverb *prǫv'əb*, solemn *sǫl'im*, moral *mǫr'əl*, monarch *mǫn'ək*, honour *ǫn'ə*.

Ausnahmen: 1) *v* in einigen Wörtern, siehe IV, B.; 2 die einzelnen: dolour *doou'lə*, pronoun *proou'naun*, sojourn *soou·dzhəən*, odour *oou'də*, moment *moou'mint*, sammt einigen auf -al: local *lonu'kl*, vocal *vonu'kl*, dotal *doou'tl*, total *toou'tl*, oval *oou'vl*; progress, process schwanken zwischen *ǫ* und *oou*, siehe Trautmann § 408; Victor S. 83.

2) in **drittletzter** Silbe: botany *bǫt'əni*, majority *mə-·dzhǫr'iti*, minority *mi·nǫr'iti*, ominous *ǫm'inəs*, curiosity *kjuu'-

---
• 1) Nach Sweet ist der Laut vor s, th und f sowohl *ậậ* wie *ǫ*; siehe Hist. of E. S. S. 157, und vgl. Trautmann § 408, Victor § 42 Schluss.

ri·ọs''iti, apology *ə·pọl'ədzhi*, astronomy *ə·strọn'əmi*, biography *bi·ọg'rəfi* oder *bai'ọg''rəfi*; auf stummes e: forage *fọr'idzh*, novice *nọv'is*, promise *prọm'is*, lozenge *lọz'indzh*, homage *họm'-idzh*, prologue *prọl'ọg* (auch *oou*), province *prọv'ins*.

Ausnahmen bilden auch hier die Wörter mit der Vokalverbindung ea, eo etc. (siehe unten II, 4), sowie motive *moou'tiv*, notice *noou'tis*.

3) in viert- und fünftletzter Silbe: mit Ausnahme der Wörter auf stummes e nur mit Nebenakzent: probable *prọb'-əbl*: populace *pọp'jəlis*, moderate *mọd'rit*, operate *ọp'ə·rẹẹit*, corroborate *kə·rọb'ə·rẹẹit*, tolerable *tọl'rəbl*: coronation *kọr'ə·nẹẹi''-shən*, prosecution *prọs'i·kjuu''shən*, moderation *mọd'ə·rẹẹi''shən*, operation *ọp'ə·rẹẹi''shən*; in einigen auch in sechstletzter Silbe: denomination *di·nọm'i·nẹẹi''shən*, depopulation *di·pọp'jə·lẹẹi''shən*.

II. *oou*, wesentlich nur in offener Silbe: in wenigen Fällen auch in geschlossener.

A) in **offener** Silbe:

1) im Auslaute: no *noou*, fro *froou*, so *soou*, go *goou*.

2) vor Vokal in wenigen Wörtern: boa *boou'ə*, poem *poou'im*, poet *poou'it*, stoic *stoou'ik*: gewöhnlich bezeichnen die zwei Vokale nur einen Laut, worüber Näheres unten § 74 flg.

3) in vorletzter Silbe in Wörtern auf stummes e: bone *booun*, froze *froouz*, alone *ə·looun*, rose *roouz*, those *ðoouz*, noble *noou'bl*, ogle *oou'gl*, und mit unregelmässiger Orthographie sober *soou'bə*, franz. **sobre**.

Ausnahmen: 1) vor r, siehe III.; 2) = *v* und *uu* siehe IV und VI.; 3) gone *gọn*, shone *shọn* von to go und to shine.

4) in drittletzter Silbe französischer Wörter mit der Vokalverbindung ea, eo etc., nur nicht vor r (siehe III, A): crosier *kroou'zhə*, colloquial *kə·loou'kwiəl*, explosion *iks·ploou'-zhən*, notion *noou'shən*, devotion *di·voou'shən*, baronial *bə·roouu'jəl*.

Ausgenommen: onion *un'jən* und poniard *pọn'jəd*.

5) in den folgenden englischen Wörtern: holy *hoou'li*, over *oou'və*, clover *kloou'və*, token *toou'kn*, open *oou'pn*, mit den Participien: stolen *stoou'ln*, frozen *froou'zn*, chosen *tshoou'zn*, spoken *spoou'kn*, broken *broou'kn*. So auch pony *poou'ni*. — Merke dagegen body *bọd'i*.

B) in **geschlossener** Silbe:

1) vor auslautendem ld, ll, lt, st: bold *boould*, cold *koould*, old *oould*; droll *drooul*, poll *pooul* Wahl', troll *trooul*; bolt *booult*, colt *kooult*, jolt *dzhooult*; ghost *gooust*, most *mooust*, host *hooust*. — So auch control *kən·trooul*, patrol *pə·trooul*. Ausgenommen: doll *dɒl*, loll *lɒl*, poll *pɒl* Papagei), lost *lɒst*, cost *kɒst*, frost *frɒst*.

2) in den folgenden Wörtern: gross *groous*, both *booup*, sloth *sloouр* auch *slɒр*), bolster *booul'stə*, holster *hooul'stə*, soldier *sooul'dzhə*, swollen *swooul'n*, folk *foouk*, comb *kooum*, ombre *ooum'bə*, only *ooun'li*, don't *doount*, won't *woount*; das übrigens veraltete quoth spricht man teils *kwooup*, teils *kwɒр* aus: für wont, Adj., geben die Wörterbücher *wɒnt* an; ich habe auch *woount* gehört.

III. *ää*, regelmässig nur vor r: diese Wörter bilden Ausnahmen zu I und II.

A) in **offener** Silbe, als Ausnahmen zu II, A, 3 und 4: censorious *sɛn'sää"riəs*, corporeal *kə·pää'riəl*; bore *bää'ə*, tore *tää'ə*.

B) in **geschlossener** Silbe, als Ausnahmen zu I, A: or *ää'ə*, for *fää'ə*, gewöhnlich unbetont *ə*, *fə*, siehe unten § 92; nor *nää'ə*, form *fääm*, port *päät*, horse *hääs*.

Ausgenommen mit w anlautende Wörter, siehe V.

IV. *ɒ*. Dieser Laut kommt am häufigsten nach w und vor m, n und v vor: er steht gewöhnlich für ursprüngliches u in franz. Wörtern o u).

A) in **geschlossener** Silbe:

1) nach w: won *wɒn* von to win, wonder *wɒn'də*, worry *wɒr'i* auch *wɒr'i*; so auch one *wɒn* und once *wɒns*.

2) vor m: bomb *bɒm*, comfit *kɒm'fit*; comfort *kɒmfət*, company *kɒm'pəni*, compass *kɒm'pəs*, pommel *pɒm'l*.

3) vor n: conjure *kɒn'dzhə* beschwören), constable *kɒn'stəbl*, convert *kɒn'vət*, donjon *dɒn'dzhən*, front *frɒnt*, monger *mɒŋ'gə*, mongrel *mɒŋ'grəl*, monk *mɒŋk*, month *mɒnp*, son *sɒn*, sponge *spɒndzh*, ton *tɒn*, tongue *tɒŋ*, among *ə·mɒŋ*, monkey *mɒŋ'ki*, Monday *mɒn'di*, sowie die poet. doth *dɒр* und dost *dɒst* von to do.

B) in **offener** Silbe:

1) vor m: come *kɒm*, comely *kɒm'li*, dromedary *drɒm'- dəri*, some *sɒm*, somerset *sɒm'əsit*, stomach *stɒm'ək*.

2) vor n: done *dʌn*. honey *hʌn'i*, money *mʌn'i*. none *nʌn*. onion *ʌn'jən*.

3) vor v: cover *kʌv'ə*. covet *kʌv'it*. covey *kʌv'i* Brut), dove *dʌv*, glove *glʌv*. govern *gʌv'ən*, hover *hʌv'ə*, love *lʌv*, oven *ʌv'n*. shove *shʌv*, shovel *shʌv'l*. above *ə·bʌv*. slovenly *slʌv'nli*.

4) in den folgenden Wörtern: borough *bʌr'o*, thorough *þʌr'o*, dozen *dʌz'n*. cozen *kʌz'n*, twopence *tʌp'ns*, brother *brʌð'ə*. mother *mʌð'ə*. nothing *nʌþ'iŋ*, smother *smʌð'ə*. colour *kʌl'ə*.

V. ɔɔ, nur vor r und gewöhnlich nach w; diese Wörter sind nicht zahlreich und bilden eigentlich Ausnahmen zu III, B: word *wɔɔd*, worm *wɔɔm*. world *wɔɔld*. worse *wɔɔs*. worst *wɔɔst*, worship *wɔɔ'ship*. wort *wɔɔt*, whortleberry *wɔɔ''tl·bər'i*. worth *wɔɔþ*. worthy *wɔɔ'ði*, work *wɔɔk*: attorney *ə·tɔɔ'ni*.

VI. u. nur in wolf *wulf*, worsted *wus'tid*. woman *wum'n*, bosom *buz'əm*.

VII. uu, nur in do *duu*, to *tuu*. two *tuu*, who *huu*. ado *ə·duu*, move *muuv*, prove *pruuv*, lose *luuz*, whose *huuz*, whom *huum*, womb *wuum*. tomb *tuum*.

VIII. i, nur in dem einen Worte women *wim'in*. Mehrzahl von woman.

§ 59. U hat sechs Lautwerte: *u. uu. ʌ. ɔɔ. i, ç.*

I. u, nur in den folgenden Wörtern: bull *bul*, bullet *bul'it*, bullock *bul'ək*. bully *bul'i*, bulrush *bul·rʌsh*, bulwark *bul·wääk*, bush *bush*. bushel *bush'əl*, butcher *but'shə*. pull *pul*. pulley *pul'i*, pullet *pul'it*, pulpit *pul'pit*. push *push*, put *put*, pudding *pud'iŋ*. full *ful*. cushion *kush'ən*. cuckoo *kuk'u*, sugar *shug'ə*.

II. juu; nach s, r und l gewöhnlich nur uu.

A) in **offener** Silbe, regelmässig überall: duty *djuu'ti*, human *juu'mn*, stupid *stjuu'pid*, rubric *ruu'brik*. bugle *bjuu'gl*. tumult *tjuu'məlt*, future *fjuu'tshə*, union *juun'jən*. furious *fjuu'riəs*, curious *kjuu'riəs*. duke *djuuk*: huge *hjuudzh*. use Subst. *juus*, Verb. *juuz*. rule *ruul*. allude *ə·luud* oder *ə·ljuud*, assume *ə·suum* oder *ə·sjuum*: merke sure *shuu'ə*: vgl. oben § 51. II, 3.

Ausgenommen: ducat *dʌk'ət*. punish *pʌn'ish*, study *stʌd'i*, busy *biz'i*, bury *bər'i*.

B in **geschlossener** Silbe, in wenigen Wörtern vor gu:
impugn *im·pjuun*, oppugn *ɔ·pjuun*; so auch truth *truuþ*.
III. *u*, regelmässig in allen geschlossenen Silben
ausser vor auslautendem r und r + Kons. siehe IV : but *bʌt*.
duck *dʌk*, gutter *gʌt'ɔ*, hussy *hʌz'i*, run *rʌn*, hurry *hʌr'i*.
furrow *fʌr'o*, current *kʌr'ɔnt*, occurrence *ɔ·kʌr'ɔns*. — Über
Ausnahmen mit *u* und *juu* siehe I und II, B.
IV. *ɔɔ*, nur in geschlossener Silbe vor auslautendem r
und r + Kons.: cur *kɔɔ*, fur *fɔɔ*: burn *bɔɔn*, turn *tɔɔn*.
murder *mɔɔ'dɔ*.
V. und VI. *i* und *ę*, siehe II, A, Ausn.

§ 60. Y hat drei Lautwerte: *i, ai, ɔɔ*.

I. *i*, sowohl in geschlossener wie in offener Silbe.

A) in **geschlossener** Silbe, regelmässig überall ausser
vor r: nymph *nimf*, hymn *him*, crystal *kris'tl*, gypsy *dzhip'si*,
gewöhnlich gipsy geschrieben.

B) in **offener** Silbe, regelmässig in französischen
Wörtern:

1) in vorletzter Silbe: cynic *sin'ik*, lyric *lir'ik*, mythic
miþ'ik, physic *fiz'ik*, paralytic *pär'ɔ·lit''ik*; panegyric *pän'i-
·dzhir''ik*.
Ausgenommen: tyrant *tai'rɔnt*.

2) in drittletzter Silbe: pyramid *pir'ɔmid*, tyranny *tir'-
ɔni*, tyrannous *tir'ɔnɔs*, myriad *mir'iɔd*.
Ausgenommen vor Vokal: hyacinth *hai'ɔsinþ*.

3) in viert- und fünftletzter Silbe; oft nur Nebenakzent: hypocrite *hip'ɔkrit*, typografic *tip'ɔ·gräf''ik*.
Ausgenommen: hypothetic *hai'pɔ·þęt''ik*, tyrannical *tai'rän''ikɔl*.

II. *ai*, nur in offener Silbe:
1) im Auslaute: by *bai*, dry *drai*, fly *flai*, spy *spai*;
mit Nebenakzent in französischen Verben auf y: fortify *fɔɔ'-
ti·fai*, exemplify *ig·zęm'pli·fai*, prophesy *prof'i·sai*.

2) in vorletzter Silbe in Wörtern auf stummes e: lyre
lai'ɔ, rhyme *raim*, scythe *saið*, type *taip*, thyme *taim*, cycle
sai'kl.

III. *ɔɔ* nur vor r + Kons.: kommt in sehr wenigen Wörtern vor: myrtle *mɔɔ'tl*; myrrh *mɔɔ*.

Vokalverbindungen[1]).

§ 61. **Aa** nur in baa *baa*.

§ 62. **Ae** nur in gaelic *gäľik*, merke ta'en *tęęin* für taken.

§ 63. **Ai** und **ay**, letzteres regelmässig nur im Auslaute:
1` *ęęi*, gewöhnlich ausser vor r: bail *bęęil*, drain *dręęin*, pay *pęęi*, say *sęęi*; oft auch in again *əˑgęęin* und against *əˑgęęinst* neben *əˑgęn*, *əˑgęnst*.

Ausnahmen: says *sęz* und said *sęd* zu to say; waistcoat *węsˊkət*, wainscot *węns'kət*, plaid *pläd*, raillery *räľəri*, aisle *ail*, ay *aai*, aye *ęęi*, quay *kii*.

2) *ęę* vor r: pair *pęęˊə*, fair *fęęˊə*; merke mayor *męęˊə* und prayer *pręęˊə*.

Ueber zweisilbiges **ai** siehe oben § 55, III, 3, Anm.

§ 64. **Ao** nur in gaol *dzhęęil* Gefängniss) und 'gaoler *dzhęęiˊlə*. auch jail, jailer geschrieben: merke extraordinary *ikˑsträäd'nəri*.

§ 65. **Au** und **aw**, letzteres gewöhnlich nur im Auslaute, lauten:

1) *ää* in den meisten Wörtern: caught *käät* zu to catch, taught *täät* zu to teach, raw *rää*, saw *sää* zu to see, hawk *hääk*.

2) *ǫ* in laurel *lǫrˊəl*, laudanum *lǫdˊnəm*, cauliflower *kǫľiˑflauˊə*.

3) *aa* in laugh *laaf*, laughter *laafˊtə*, draught *draaft*, aunt *aant*, haunt *haant*, laundry *laanˊdri*, laundress *laanˊdris*. In einigen Wörtern schreibt man auch a, siehe § 55, I. A, 5.

Merke: gauge *gęęidzh*.

§ 66. **Ea** hat sechs Lautwerte: *ii*, *ę*, *əə*, *ęę*, *ęęi*, *aa*, vgl. Trautmann § 380 fgg.

I. *ii*, sowohl in offener als geschlossener Silbe.

A) in **offener** Silbe:

1) im Auslaute: flea *flii*, pea *pii*, sea *sii*.
Ausgenommen das poetische yea *jęęi*.

2) in vorletzter Silbe in Wörtern auf stummes e: heave *hiiv*, leave *liiv*, league *liig*, breathe *briið*, cease *siis*, beadle *biiˊdl*, eagle *iiˊgl*, treacle *triiˊkl*, und mit unregelmässiger Orthographie eager *iiˊgə*, meager *miiˊgə*, franz. aigre. maigre.
Ausgenommen: create *kriˊęęit*.

---

1) Hierzu auch aw, ew, ŏw.

3) in den folgenden Wörtern: beacon *bii'kn*, deacon *dii'kn*, easel *ii'zl*, easy *ii'zi*, easter *iis'tə*, heathen *hii'ðn*, measles *mii'zlz*, queasy *kwii'zi*, reason *rii'zn*, season *sii'zn*, treason *trii'zn*, weary *wii'ri*, weasel *wii'zl*, creature *krii'tshə*, feasible *fii'zəbl*, feature *fii'tshə*.

B in **geschlossener** Silbe, vor einem einzelnen auslautenden Konsonanten und vor ch und st: beat *biit*, beak *biik*, clean *kliin*; peach *piitsh*, preach *priitsh*, reach *riitsh*; east *iist*, feast *fiist*, least *liist*; rear *rii'ə*, near *nii'ə*, year *jii'ə*, tear, Subst. *tii'ə*.

Ausnahmen: a) bread *brɛd*, breath *brɛþ*, dead *dɛd*, deaf *dɛf*, dread *drɛd*, head *hɛd*, lead *lɛd* Blei, read *rɛd* 'las', spread *sprɛd*, stead *stɛd*, sweat *swɛt*, thread *þrɛd*, threat *þrɛt*, tread *trɛd*, breast *brɛst*. b) bear *bɛɛ'ə*, pear *pɛɛ'ə*, swear *swɛɛ'ə*, tear *tɛɛ'ə* (zerreissen), wear *wɛɛ'ə*. c) great *grɛɛit*, break *brɛɛik*, steak *stɛɛik*.

II. *ɛ*, meist nur in geschlossener Silbe; in einigen Wörtern auch in offener.

A) in **geschlossener** Silbe, regelmässig vor zwei Konsonanten ausser ch, st siehe I, B und r + Kons. (siehe III): breadth *brɛdþ*, health *hɛlþ*, wealth *wɛlþ*, realm *rɛlm*, stealth *stɛlþ*; so auch in breakfast *brɛk'fəst*, cleanly Adj. *klɛn'li*, cleanse *klɛnz* und in einigen Präteriten: dreamt *drɛmt*, leapt *lɛpt*, leant *lɛnt*, meant *mɛnt*, dealt *dɛlt*, in welchen die Infinitive *ii* haben.

B) in **offener** Silbe in den folgenden Wörtern: endeavour *indɛv'ə*, feather *fɛð'ə*, heather *hɛð'ə*, heaven *hɛv'n*, heavy *hɛv'i*, jealous *dzhɛl'əs*, leather *lɛð'ə*, leaven *lɛv'n*, meadow *mɛd'o*, measure *mɛzh'ə*, peasant *pɛz'nt*, pheasant *fɛz'nt*, pleasant *plɛz'nt*, pleasure *plɛzh'ə*, ready *rɛd'i*, steady *stɛd'i*, threaten *þrɛt'n*, treasure *trɛzh'ə*, weapon *wɛp'n*, weather *wɛð'ə*, zealot *zɛl'ət*, zealous *zɛl'əs*, treachery *trɛt'shəri*, treadle *trɛd'l*.

III. *əə*, nur vor r + Kons.: dearth *dəəþ*, earl *əəl*, early *əə'li*, earn *əən*, earnest *əə'nist*, earth *əəþ*, learn *ləən*, pearl *pəəl*, rehearse *ri·həəs*, hearse *həəs*, search *səətsh*, yearn *jəən*.

Ausgenommen: beard *bii'əd*, hearken *haa'kn*, heart *haat*, hearth *haaþ*.

IV—VI. *ɛɛ*, *ɛɛi* und *aa*, siehe die vorhergehenden Ausnahmen.

§ 67. **Eau**, nur in beauty *bjuu'ti*.

§ 68. **Ee** lautet überall regelmässig *ii*: bee *bii*. free *frii*, three *þrii*, needle *nii'dl*, bleed *bliid*, career *kə·rii'ə*, been *biin*, auch *bin*.

Ausgenommen: threepence *þrip'ns*, breeches *brit'shiz*.

Merke c'er *eé'ə*, ne'er *neé'ə*. für ever, never: e'en *iin* für even.

§ 69. **Ei** und **ey**, letzteres gewöhnlich im Auslaute: hat fünf Lautwerte (vgl. Trautmann § 387 :

1 *eei* (besonders vor stummem g): deign *deein*, eight *eeit*, feign *feein*, freight *freeit*. heinous *heei''nəs*, neigh *neei*, neighbour *neei''bə*. rein *reein*, reign *reein*. reindeer *reein''dii'ə*, skein *skeein*. veil *veeil*, vein *veein*, weigh *weei*, weight *weeit*: grey *greei*. they *ðeei*, hey *heei*, obey *ə·beei*, convey *kən·veei*.

2) *ee*, nur vor r: heir *eé'ə*, their *ðeé'ə*.

3) *ii*: ceil *siil*, ceiling *sii'liŋ*, conceive, *kən·siiv*, etc., conceit *kən·siit*, receipt *ri·siit*, seize *siiz*, seine *siin*.

4) *ai*: either *ai''ðə*, neither *nai''ðə*, auch *ii''ðə*, *nii''ðə*, height *hait*, eider *ai''də*, sleight *slait*, eye *ai*: heigh-ho *hai·hoou*.

5) *e*: heifer *hef''ə*, leisure *lezh'ə*, auch *lizh'ə* und *lii''zhə*, vgl. Storm S. 110.

§ 70. **Eo** findet sich nur in: people *pii'pl*, yeoman *joou'mn*, feod *fjuud*, feoff *fef*, leopard *lep'əd*, jeopardy *dzhep'ədi*.

§ 71. **Eu** und **ew** lauten regelmässig *juu* oder *uu*: feud *fjuud*, deuce *djuus*, new *njuu*, ewe *juu*, sewer *sjuu'ə*, rheum *ruum*, blew *bluu* zu to blow, drew *druu* zu to draw.

Ausgenommen: sew *soou*, strew *stroou*, shew *shoou*, häufiger **strow**, **show** geschrieben.

§ 72. **Ie** hat vier Lautwerte: *ii*, *ai*, *i*, *e*, vgl. Trautmann § 402.

1) *ii*, gewöhnlich im Inlaute: thief *þiif*, piece *piis*. niece *niis*, field *fiild*, bier *bii'ə*, fierce *fii'əs*.

Ausgenommen: diet *dai'it*, quiet *kwai'it*, fiery *fai'əri*; sieve *siv*, friend *frend*.

2) *ai* im Auslaute: die *dai*, fie *fai*, tie *tai*, vie *vai*.

§ 73. **Ieu** und **iew** lauten *juu*: adieu *ə·djuu*, lieu *ljuu*, view *vjuu*.

§ 74. **Oa** lautet:

1) *oou* in den meisten Fällen ausser vor r: moan *mooun*, load *looud*, boat *boout*, coat *koout*.

Ausgenommen: broad *brååd*, abroad *ə'brååd*, groat *grååt*, groats *grååts* oder *groouts.*

2) *åå* vor r: soar *sååʹə*, oar *ååʹə*, board *bååd.*

§ 75. **Oe** lautet regelmässig *oou:* doe *doou.* foe *foou,* toe *toou.*

Ausgenommen: shoe *shuu*, canoe *kəʹnuu*, does *dvz* zu to do.

§ 76. **Oi** und **oy** lauten regelmässig *oi:* oil *oil.* boy *boi.* oyster *oiʹstə.*

Ausgenommen: choir *kwaiʹə*, auch quire geschrieben.

§ 77. **Oo** hat fünf Lautwerte: *uu, u, åå, oou, v,* die drei letzten nur ausnahmsweise:

1) *uu*, in den meisten Wörtern: too *tuu*, spoon *spuun*, tool *tuul*, loose *luus*, choose *tshuuz.* soothe *suuð.* poor *puuʹə.*

Ausgenommen: floor *flååʹə*, door *dååʹə*, brooch *brooutsh,* flood *flvd*, blood *blvd.*

2) *u.* vor k: look *luk*, book *buk.* shook *shuk* zu to shake. took *tuk* zu to take: so auch in foot *fut.* soot *sut*, wood *wud.* stood *stud* zu to stand, hood *hud.* good *gud*, wool *wul.*

§ 78. **Ou** und **ow** haben acht Lautwerte: *au, oou, åå, v, uu, u, əə, o.*

1` *au* in den meisten, besonders englischen, Wörtern im Inlaute: out *aut.* ounce *auns.* plough *plau*, bough *bau*, drought *draut.* pouch *pautsh.* doubt *daut*, lounge *laundzh.* gout *gaut.* wound *waund* zu to wind, our *auʹə.* hour *auʹə*, flour *flauʹə.* scour *skauʹə.* devour *diʹvauʹə*, lower *lauʹə* ʹdüster aussehen`. power *pauʹə.* shower *shauʹə.* powder *pauʹdə*, coward *kauʹəd*: im Auslaute in den folgenden Wörtern: bow *bau* (biegen`, cow *kau.* how *hau.* low *lau* (brüllen), now *nau.* brow *brau*, sow *sau* ʹSau), vow *vau.*

2` *oou.* im Auslaute und inlautend vor 1: low *loou* niedrig), bow *boou* (Bogen), sow *soou* säen`, tow *toou.* soul *sooul.* mould *moould.* shoulder *shooulʹdə*, smoulder *smooulʹdə*, moult *mooult.* poult *pooult.* poultry *pooulʹtri*: so auch in lower *looulʹə* ʹsenken`, owe *oou.* dough *doou.* though *ðoou.*

3) *åå*, meist vor r und in einigen Präteriten vor stummem gh: pour *pååʹə*, four *fååʹə.* court *kååt.* course *kåås.* source *såås.* mourn *måån.* bourn *baun*, gourd *guåd*; bought *baut.* brought *braut.* fought *fååt.* ought *aut*, sought *saut.* thought *pååt.* so auch in dem seltenen nought *naut* nichts): hier wird niemals ow geschrieben.

4) *v*. in französischen Wörtern ursprüngliches u vertretend: cousin *kʌ'zn*. double *dʌb'l*. couple *kʌp'l*. country *kʌn'tri*. nourish *nʌr'ish*. flourish *flʌr'ish*. courage *kʌr'idzh*. trouble *trʌb'l*. touch *tʌtsh*; so auch in den folgenden englischen Wörtern: enough *i·nʌf*. rough *rʌf*. tough *tʌf*. young *jʌŋ*. youngster *jʌŋ'stə*. housewife *hʌz'if* (Necessaire). southern *sʌð'ʌn*, southerly *sʌð'əli*.

5) *əə*, nur vor r in demselben Falle wie *ʌ*: journal *dzhəə'nl*. journey *dzhəə'ni*. courtesy *kəə'tisi*, *kəət'si*, adjourn *ə·dzhəən*, scourge *skəədzh*; courteous *kəət'shəs*, auch mit *ää*.

6) *uu*. nur in den folgenden Wörtern: you *juu*. your *juu'ə*. youth *juuþ*. through *þruu*. uncouth *ʌn'kuuþ'*. wound *wuund* (Wunde).

7) *u*, nur in could *kud*. should *shud*, would *wud*. you can, shall, will.

8) *ọ*. nur in lough *lọk*, trough *trọf*. cough *kọf*. knowledge *nọl'idzh*.

§ 79. In den Verbindungen **ua, ue**, etc. bezeichnet u teils *w*, teils wird es zwischen g und e, i in franz. Wörtern eingeschoben um die harte Aussprache des g zu bezeichnen; oft hat es nur etymologischen Wert; in wenigen Wörtern lautet es *uu*.

§ 80. **Ua**, 1) u = *w*: assuage *ə·swęęidzh*, persuade *pə·swęęid*, quality *kwọl'iti*. quantity *kwọn'titi*. suavity *swäv'iti*, equality *i·kwọl'iti*.

2) u stumm: guard *gaad*, guardian *gaa'djʌn*, guarantee *gär'ʌn·tii"*.

§ 81. **Ue**, 1) (*j*)*uu*: hue *hjuu*, cue *kjuu*, true *truu*, blue *bluu*, glue *gluu*, clue *kluu*, auch clew geschrieben.

2) u = *w*: quench *kwęnsh*, quest *kwęst*, question *kwęst'shən*.

3) gu = *g*: guerdon *gəə'dn*. guerite *gęr'it*. in guess *gęs* und guest *gęst* ist das u überflüssig, da beide Wörter englisch sind.

§ 82. **Ui** und **uy**, 1 (*j*)*uu*: suit *sjuut* und *suut*, juice *dzhuus*, nuisance *njuu'zns*, sluice *sluus*, cruise *kruuz*, fruit *fruut*.

2) gu = *g*: guide *gaid*, guise *gaiz*, guinea *gin'i*.

3) u stumm: build *bild*, guild *gild* (Gilde), guilt *gilt*, buy *bai*.

4) quire *kwai'ə* auch choir geschrieben.

§ 83. **Uo**, nur nach q: u = *w*: quote *kwoout*, quotient *kwoou'shənt*, und das poet. quoth *kwoouþ*.

§ 84. **Uoi. uoy.** nur in quoif *koif*. quoin *koin*, quoit *koit*. auch coif, coin, coit geschrieben; buoy *boi*.

§ 85. In den Verbindungen **ya, ye**, etc. bezeichnet y am häufigsten den Konsonanten *j*: yard *jaad*. yellow *jel'o*. yield *jiild*. yoke *joouk*. yule *juul*; doch wird ye = *ai* geschrieben in bye *bai*. rye *rai*. stye *stai*. auch bloss s t y geschrieben.

Zweite Abteilung: In unbetonter Silbe.

§ 86. Einer der eigentümlichsten aber auch am wenigsten beachteten Züge des heutigen englischen Lautsystemes ist die starke Schwächung, welche die Vokallaute in unbetonter Silbe erleiden, indem als Regel kein englischer Vokal hier unverändert bleibt. Unter unbetonter Silbe verstehe ich nicht nur Silben, die niemals Haupt- oder Nebenakzent haben, sondern auch kleine Wörter in unbetonter Stellung, wie es häufig bei Pronominen, Präpositionen und Konjunktionen der Fall ist. Wenn diese unbetont stehen, wird ihr Vokal ganz wie sonst in unbetonter Silbe geschwächt. Ein Satz wie how are you ist daher entweder *hau aa'ju* oder *hau'ə juu*, je nachdem man are oder you akzentuiert. Als allgemeine Regel gilt, dass die Vokale *aa. v. əə. o. u* und *ü* zu *ə* oder einfachem Stimmgleitlaut, *eei. e. ii. i* zu *i* geschwächt werden; überdies tritt *o* (Sweet: rounded glide) oft für auslautendes, unbetontes *oou* ein; die unbetonten Silben a r, e r, i r, o r, u r werden alle zu *ə* geschwächt. Die einzelnen Fälle wird die folgende Uebersicht geben.

§ 87. **A** wird zu *ə* und *i* geschwächt:

1) *ə* sowohl im Vor- wie im Nachton; im letzteren Falle regelmässig nur in geschlossener Silbe.

a) im Vorton, überall: ago *ə·goou*. alone *ə·looun*. accept *ək·sept*, appear *ə·pii'ə*. manure *mən·juu'ə*.

b) im Nachton in geschlossener Silbe: breakfast *brek'-fəst*. Roman *roou'mən*. vengeance *ven'dzhəns*. real *rii'əl*. beggar *beg'ə*. — Doch auch in offener Silbe in der Endung -*able*: placable *plee'kəbl*. amiable *eeim'jəbl*. variable *vee'riəbl*.

So auch unbetontes a n d, t h a t Pron., Rel. oder Konj.) can, shall, as, at, was, has, have, had, am u. a., you and I *juu'ənd ai*; he said that the book was his *hi sęd'ðətðə buk'wəz hiz*: I can do it as well as you *ai'kən duu'itəz węl'əz juu*: I shall have done it before you are back *ai'shələv dʌn'itbi fuu'əjuə bäk*: not at all *nɒt'ə taal*.

2 *i*, nur im Nachton in offener Silbe, besonders in den unbetonten Endungen ace, ade, age, ase, ate (in Subst. und Adj.), acle: palace *päl'is*, comrade *kɒm'rid*, village *vil'idzh*, staircase *stęę'əkis*, palate *päl'it*, separate, Adj. *sęp'rit*, miracle *mir'ikl*. — In geschlossener Silbe in character *kär'iktə*.

§ 88. Ai und ay werden beide zu *i* geschwächt: captain *käp'tin*, fountain *faun'tin*, maintain *min'·tęęin*, Sunday *sʌn'di*, always *aal'wiz*.

Anmerkung. au kommt kaum unbetont vor, indem Wörter wie audacity, authority, austere Nebenakzent auf der ersten Silbe haben, wodurch der Laut höchstens verkürzt wird: *ɑ'däs''iti*, *ɑ'pɒr''iti*, *ɑ'stii''ə*.

§ 89. E wird zu *i* und *ə* geschwächt.

I. *i* in den meisten Fällen.

1) im Vorton überall ausser vor r: between *bi·twiin*, become *bi·kʌm*, below *bi·loou*, destroy *di·stroi*, despair *di·spęę'ə*, describe *di·skraib*, defect *di·fękt*, degree *di·grii*, eleven *i·lęv'n*, employ *im·ploi*, exact *ig·zäkt*, except *ik·sępt*, experience *ik··spii'riəns*, expense *ik·spęns*, necessity *ni·sęs'iti*, return *ri·tɒən*, reform *ri·faam*, repose *ri·poouz*, sedate *si·dęęit*, the vor Vokal: the other *ði·ʌð'ə*.

2) im Nachton:

a) regelmässig in offener Silbe ausser vor r: secrecy *sii'krisi*, prophecy *prɒf'i·sai*, element *ęl'imənt*, remedy *ręm'idi*, celebrate *sęl'i·bręęit*, telegraph *tęl'i·graaf*, elegant *ęl'igənt*.

b) in geschlossener Silbe in der Verbal- [1] und Adjektivendung -ed sowie vor s und t: added *äd'id*, wanted *wɒn'tid*, learned *lɒə'nid*, naked *nęę'kid*: necessary *nęs'isri*, reckless *ręk'lis*, compactness *kɒm·päkt'nis*, cases *kęę'siz*, faces *fęę'siz*, alphabet *äl'fəbit*, poet *poou'it*, sowie in einzelnen anderen wie moment *moou'mint*, problem *prɒb'lim*, solemn *sɒl'im*, object *ɒb'dzhikt*, perfect *pəə'fikt*, linen *lin'in*, wollen *wul'in*, lozenge *lɒz'indzh*. Die Aussprache scheint hier zwischen *i* und *ə* zu schwanken und keiner festen Regel zu folgen.

———

1 Nur nach d und t.

II. ə, meist vor r:

1) in geschlossener Silbe sowohl im Vor- wie im Nachton: perturb *pə·tə͡əb*, persuade *pə·swə͡əid*, bigger *big'ə*. counterfeit *kaun'təfit*. ask her *aask'ə*; so auch in den unbetonten Endungen ren, rel, shen, shel: barren *bär'ən*, barrel *bär'əl*; freshen *frɛsh'ən*, bushel *bush'əl*, sowie vor l und n in der zweiten von zwei nachtonigen Silben: citadel *sit'ədəl*, parallel *pär'əlel*. excellent *ɛ͡ks'lənt*. ornament *aan'mənt*, violent *vai'ələnt*, element *ɛl'imənt*, sufficient *sə·fish'ənt*.

2) in offener Silbe, wenn die nächste Silbe mit r anfängt: venerable *vɛn'ərəbl*, generosity *dzhɛn'ə·rɔs''iti*. tolerable *tɔl'ərəbl*, operate *op'ə·rɛ͡it*: there is *ðə·riz*, they were old *ðɛ͡iwər oould*; vgl. unten § 94, 2.

Anmerkung. E als der erste von zwei nach einander folgenden unbetonten Vokalen wird praktisch am besten = *j* betrachtet ausser nach r: hideous *hid'jəs*, extraneous *ik·strɛ͡in'jəs*, lineal *lin'jəl*; atheism *ɛɛ͡ip'jizm*; area *ɛɛ͡'riə*, funeral *fjuu'nii''riəl*; ist der vorhergehende Konsonant t, so entsteht aus dem *j* der Laut *sh* (siehe § 44 ; ist er c oder s, so schmilzt er mit diesen zu *sh* zusammen: righteous *rai'tshəs*, meteor *mii'tshə*, ocean *ou'shən*, nauseous *nåå'shəs*.

§ 90. **Ea, ee, ei** und **ey** werden alle zu *i* geschwächt: guinea *gin'i*, forehead *fɔr'id*, coffee *kɔf''i*, foreign *fɔr'in*. sovereign *sɔv'rin*, alley *äl'i*, abbey *äb'i*.

§ 91. **I, ie** und **y** werden zu *i* und *ə* geschwächt.

1) *i*, überall ausser vor auslautendem r und r + Kons.: divide *di·vaid*, irregular *i·rɛg'jələ*, spiritual *spi·rit'shuəl*, synonymy *si·nɔn'imi*, physician *fi·zish'ən*; flexibility *flɛk'si·bil''iti*. infinite *in'finit*, history *his'təri*: cities *sit'iz*, carries *kär'iz*. envied *ɛn'vid*; I have got it *aiv gɔt'it*, tell him to come *tɛl'-imtə kɔm*. Merke: lieutenant *lir·tɛn'ənt* oder *lif'tɛn'ənt*.

2) *ə* vor auslautendem r und r + Kons.: confirmation *kɔn'fə·mɛ͡i''shən*. no sir *noou'sə*, yes sir *jɛs'sə*, *jɛs'ə*; so auch satire *süt'ə* (auch *süt'aiə*), und gewöhnlich die Endung -ible wie possible *pɔs'əbl*, andere *pɔs'ibl*.

Anmerkung 1. Wenn i der erste von zwei auf einander folgenden unbetonten Vokalen ist, entstehen je nach dem vorhergehenden Konsonanten folgende Laute vgl. oben § 89 Anm.: a' *j*: million *mil'jən*, onion *un'jən*, behaviour *bi·hɛ͡iv'jə*, labial *lɛɛ͡ib'jəl*, genial *dzhiin'jəl*, premier *priim'jə*, filial *fil'jəl*, tedious *tii'djəs*, odious *oou'djəs*; dagegen nach r i: various *vɛɛ͡'riəs*, period *pii'riəd*, delirious *di·lir'iəs*. b, *sh* nach st: question *kwɛɛ͡st'shən*, mixtion *mikst'shən*. c *zh* nach d und vor ə: soldier *soul'dzhə*, grandeur *grän'dzhə*. d) mit t (nicht st), c und s mit vorhergehendem Konsonanten schmilzt es in *sh* zusammen: militia *mi'lish'ə*, nation *nęęi'shən*, mention *men'shən*, potion *poou'shən*; social *soou'shəl*, glacial *glęęi'shəl*, gracious *gręęi'shəs*, appreciate *ə'prii'shęęit*, precious *pręsh'əs*, special *spęsh'əl*; persian *pəə'shən*, noxious *nǫk'shəs*. e) mit z und s mit vorhergehendem Vokal schmilzt es in *zh*, mit g in *dzh* zusammen: vision *rizh'ən*, occasion *ə'kęęi'zhən*, glazier *glęęi'zhə*: contagion *kən'tęęi'dzhən*, legion *lii'dzhən*.

Anmerkung 2. In Komparativen und Superlativen wie e a s i e r, p r e t t i e s t spricht man beide Vokale aus: *ii'ziə*, *prit'iəst*; so auch in den Ordnungszahlen: fiftieth *fif'ti'eþ*.

§ 92. **O, oa, oe, oi, ou, ow** werden gewöhnlich zu ə, seltener zu o geschwächt.

1) ə überall ausser im Auslaut: political *pə'lit'ikəl*, propose *prə'poouz*, companion *kəm'pän'jən*, conviction *kən'vik'shən*, apology *ə'pǫl'ədzhi*, astronomy *ə'strǫn'əmi*, kingdom *kiŋ'dəm*, handsome *hän'səm*, purpose *pəə'pəs*, orator *ǫr'ətə*, waistcoat *węs'kət*, tortoise *tǎǎ'təs*, luminous *luu'minəs*, favour *fęęi'rə*: talk of nothing *tǎǎk'əv nʌþ'iŋ*, stand on end *stünd'ən ęnd*, ask for *aask'fə*, for ever *fər ęv'ə*; to und into vor Kons.: to-day *tə dęęi*, into the room *in'təðə ruum*; he does nothing *hiidəs nʌþ'iŋ*; I should think *ai'shəd þiŋk*. I could hardly believe it *ai'kəd haad'libi liiv'it*; or lautet ə und o.

2) o im Auslaute: tobacco *tə'bäk'o*, potato *pə'tęęi'to*, fellow *fęl'o*, cocoa *koou'ko*; so auch thorough *þʌr'o*, borough *bʌr'o*.

§ 93. **U, ue, ui** werden zu ə und *i* geschwächt:

1) ə gewöhnlich: purpur *pəə'pə*, measure *męzh'ə*, distribute *di'strib'jət*: until *ən'til*; not I but he *nǫt ai'bət hii*; we must run *wii'məst rʌn*. Merke: das privative u n ist immer akzentuiert: untrue *ʌn'truu*, unaccented *ʌn'ək'sęn'tid*.

2) *i* selten: minute Subst. *min'it*, circuit *səə'kit*, biscuit *bis'kit*.

Anmerkung. Wie beim e und i entstehen auch hier nach t, d, s und z die Laute *sh* und *zh* (vgl. § 89 Anm.): nature *nęęi'tshə*, verdure *vəə'dzhə*, censure *sęn'shə*, luxury *lʌk'shəri*, measure *męzh'ə*, razure *ręęi'zhə*. — Über u = *w* siehe oben § 79 flgg.

Verstummung von Vokalen.

§ 94. Die Verstummung trifft am häufigsten die Vokale e und o, seltener a, i und u; y wird wohl niemals abgeworfen.

1) a, e und o verstummen gewöhnlich in den unbetonten Endungen al, el, en, ol, on in Wörtern mit betonter, vor-

letzter Silbe, ausser nach Vokalen und r: rascal *räs'kl*, medal *mẹd'l*, bridal *brai'dll*, frugal *fruu'gl*, final *fai'nl*, nasal *nẹẹi'zl*, fatal *fẹẹi'tl*, metal *mẹt'l* (vgl. mettle), naval *nẹẹi'vl*, rival *rai'vl*: model *mọd'l*, camel *käm'l*, flannel *flän'l*, channel *tshän'l*, counsel *kaun'sl*, vessel *vẹs'l*, navel *nẹẹi'vl*, gravel *gräv'l*, travel *träv'l*, symbol *sim'bl*, idol *ai'dll*: golden *goou'dn*, garden *gaa'dn*, taken *tẹẹi'kn*, open *oou'pn*, loosen *luu'sn*, often *of'n*, listen *lis'n*, heaven *hẹv'n*, frozen *froou'zn*: bacon *bẹẹi'kn*, reckon *rek'n*, pardon *paa'dn*, weapon *wẹp'n*, reason *rii'zn*, season *sii'zn*, cotton *kọt'n*, button *bnt'n*, mutton *mnt'n*. — So auch i in: evil *ii'vl*, pupil *pjuu'pl*, devil *dẹv'l*, basin *bẹẹi'sn* und cousin *knz'n*, sowie zum Teil u in der Endung -ful wie dreadful *drẹd'fl*.

Anmerkung. Doch giebt es hier mehrere Ausnahmen und Schwankungen, indem die Verstummung oder Nicht-Verstummung oft ganz individuell ist. Feste Ausnahmen scheinen die Endungen -shal, -shel, -shen, -lel, -nen, sowie -tion, sion zu bilden wie: marshal *maa'shəl*, bushel *bush'əl*, ashen *äsh'in*, freshen *frẹsh'in* (-ən?), parallel *pär'ələl*, linen *lin'in*, nation *nẹẹi'shən*, vision *vizh'ən*. Walker spricht das e = i in den meisten Wörtern auf -el und warnt gegen die Auslassung des e in travel, gravel, rebel Subst., parcel, chapel, und nennt es «a fault to which many are very prone», was eben zeigt, dass es die natürliche Aussprache ist. Dagegen erkennt er die Verstummung an in den meisten Wörtern auf en und on, mit den folgenden Ausnahmen, in welchen e als i lauten soll: sudden, kitchen, hyphen, chicken, ticken («better written ticking»), aspen, platen, marten, latten, patten, leaven, sloven, mittens.

2) Wenn nach der betonten Silbe zwei oder mehr unbetonte folgen, so scheint, besonders beim raschen Sprechen, die Neigung vorhanden zu sein, den Vokal der ersten Silbe auszulassen, insbesondere wenn der dazwischen stehende Konsonant r oder l ist: adamant *äd'mənt*, ornament *ȧȧn'mənt*, avarice *äv'ris*, excellent *ẹks'lənt*, generous *dzhẹn'rəs*, liberal *lib'rəl*, different *dif'rənt*, every *ẹv'ri*, sovereign *sọv'rin*, interest *in'trəst*, flattery *flät'ri*, numerous *njuum'rəs*, definite *dẹf'nit*, medicine *mẹd'sin*; history *hist'ri*, memory *mẹm'ri*, amorous *äm'rəs*, labouring *lẹẹi'bring*, favourite *fẹẹiv'rit*. — Doch ist dies durchaus keine Regel, sondern von der Schnelligkeit der Rede abhängig; dagegen verstummt der Vokal stets in den folgenden Wörtern: business *biz'nis*, marriage *mär'idzh*, carriage *kär'idzh*, miniature *min'itshə*, parliament *paa'limənt*, extraordinary *ik-strȧȧd'nəri*, colonel *kəə'nl*, Wednesday *wẹnz'di*, fashion *fäsh'ən*,

cushion *kush'ən*, luncheon *lʌn'shən*, victuals *vit'lz*. zum Teil
auch in ordinary *ảảd'nəri* (vgl. ordnance) und venison *rẹn'zn*;
merke necessary *nẹs'isri*.

3) e ist stumm in der Verbalendung -ed ausser nach d
und t: called *kảảld*, chased *tshẹẹist*, played *plẹẹid*: dagegen
added *ảd'id*, waited *wẹẹi'tid*; so auch in der Biegungsendung
-es ausser nach einem Zischlaut: thieves *þiirz*, goes *goouz*,
cries *kraiz*: dagegen: kisses *kis'iz*, wishes *wish'iz*.

4) e ist stumm am Ende der Wörter: tale *tẹẹil*; hier
steht es oft nur, um den Laut des vorhergehenden Konsonanten zu modificieren: malice *mäl'is*, manage *män'idzh*, breathe
briið vgl. breath *brẹþ*. — Dies e wird sehr oft in Ableitungen
behalten und bleibt natürlich auch dann stumm: crimeful
kraim'fl; in einigen Ableitungen wird das e auch in der Schrift
ausgelassen: awful *ảả'fl* von awe; duly *djuu'li* von due; judgment *dzhʌdzh'mənt* von judge.

2. Die Konsonanten.

§ 95. Da die Stellung in betonter oder unbetonter Silbe
für die Konsonanten nicht von derselben Wichtigkeit ist wie
für die Vokale, so wird hier keine Rücksicht darauf genom-
men. Ich behandle daher in diesem Abschnitte sowohl die
Aussprache wie die Verstummung von Konsonanten.

§ 96. B lautet stets *b*, ist aber stumm in der Verbindungen mb und bt: lamb *läm*, dumb *dʌm*, comb *kooum*, tomb
tuum, womb *wuum*, climb *klaim*, plumb *plʌm*; debt *dẹt*, doubt
daut, subtle *sʌt'l*.

§ 97. C lautet:

1) k vor a, o, und Konsonanten, sowie im Auslaute: cat
kät, cold *koould*, cut *kʌt*, clock *klọk*, crust *krʌst*, act *äkt*,
music *mjuu'zik*.

2) s vor e, i, y: centre *sẹn'tə*, civil *siv'il*, cipher *sai'fə*,
cynic *sin'ik*.

3) bei einigen z in suffice *sə·faiz* wegen franz. suffisant
mit z, to sacrifice *säk'ri·faiz*, wegen altfranz. sacrifise; siehe
unten § 113, II, 2, b. Die meisten sprechen hier jetzt *s* aus.

4) stumm in der Verbindung sc vor e, i, y oder einem
Konsonanten: scene *siin*, science *sai'əns*, scythe *saið*, muscle

mvs'l, discern *di·zəəu*: so auch in victuals *vit'lz*, indict *ïndait*, mit gelehrter Orthographie, altengl. vitaille, endite.

Anmerkung. ck im Auslaute bezeichnet langes *k*: thick *pik*; von c in Wörtern wie ancient, ocean siehe oben §§ 89 Anm., 91 Anm. 1.

§ 98. **Ch** lautet:

1) *tsh* in allen englischen und vollständig anglisierten Wörtern: cheek *tshiik*, church *tshəətsh*, arch *aatsh*: bisweilen wird ein überflüssiges t geschrieben: witch *witsh*, wretch *rętsh*, escutcheon *iskɐt'shən*; die Vorsilbe arch lautet gewöhnlich *aatsh* wie archbishop *aats'bish'əp*, aber *aak* in archangel *aak'ęęin'dzhəl*.

2) *sh* im Auslaute nach l und n: bench *bęnsh*, branch *braansh*, inch *insh*: belch *belsh*, filch *filsh*, milch *milsh*.

3) *k* in einigen Wörtern, wo ch nur gelehrte Orthographie für c ist: character *kär'ïktə*, franz. caractère, mechanic *mi·kän'ik*, monarch *mɐn'ək*, franz. mécanique, monarque, school *skuul*, stomack *stɐm'ək*, franz. és cole, estomac. und die germanischen ache *ęęik*, schooner *skuu'nə*, anchor *äŋ'kə*; Christ *kraist* mit Ableitungen, ags. Crist etc.; merke choir *kwai"ə*, auch quire geschrieben, franz. chœur mit *k*.

4) stumm in yacht *jɔt*.

§ 99. **D** lautet:

1) *d* in den meisten Wörtern.

2) *t* in den Präteriten von schwachen Verben auf stimmlose Konsonanten ausser t: dripped *dript*, raked *ręękt*, stuffed *stɐft*, coughed *kɐft*, passed *paast*, paced *pęęist*, chased *tshęęist*, fixed *fikst*, watched *wɐtsht*, wished *wisht*. Dagegen printed *prin'tid* wegen des t.

2) stumm in den folgenden Wörtern: handkerchief *häŋ'kɔtshíf*, handsome *hän'səm*, handsel *hän'sl*, ribband *rib'n*, auch ribbon geschrieben; so auch gewöhnlich in Wednesday *węnz'di*, und and *ən*, wenn das folgende Wort nicht mit Vokal anfängt. Um kurzen Vokal zu bezeichnen schreibt man d in einigen Wörtern auf -dge: judge *dzhɐdzh*, hedge *hędzh*, vgl. die Endungen -ege, -age, college *kɔl'idzh*, village *vil'idzh*.

§ 100. **F** lautet überall *f* ausser in of *ɔr*, *ər*; stumm in halfpenny *hęęi"pɔni* und halfpence *hęęi"pns*.

§ 101. **G** lautet:

1) *g*, regelmässig in allen englischen Wörtern und in

französischen vor a, o, u, l, r und im Auslaute: gave *gęęiv*, give *giv*, get *gęt*, bigger *big'ə*, foggy *fǫg'i*: garden *gaa'dn*, govern *gɐv'ən*, gulf *gɐlf*, guide *gaid*, glory *glåå'ri*, grant *graant*, wig *wig*: so auch in eager *ii"gə*, meager *mii"gə*, tiger *tai'gə*, franz. aigre, maigre, tigre.

2) *dzh* in französischen Wörtern vor e, i, y: gem *dzhęm*, giant *dzhai"ənt*, gin *dzhin*, pledge *plędzh*, language *läŋ'gwidzh*: merke gaol *dzhęęil*, mit der Nebenform jail: judgment *dzhɐdzh'mənt*. So auch in einigen germanischen auf -dge und -nge auslautenden Wörtern: edge *ędzh*, hedge *hędzh*, sledge *slędzh*, bridge *bridzh*, hinge *hindzh*, singe *sindzh*.

3) stumm vor einem zu derselben Silbe gehörenden n: gnat *nät*, gnaw *naa*, reign *ręęin*, foreign *for'in*, sign *sain*, feign *fęęin*. Dagegen signal *sig'nəl*, signify *sig'ni·fai*.

§ 102. **Gh** lautet:

1) *g* vor Vokal: ghost *gooust*, aghast *ə·gaast*.

2) stumm vor Konsonant und im Auslaute: eight *ęęit*, straight *stręęit*, bought *båät*, plough *plau*, borough *bɐr'o*.

Ausgenommen: a) *f* in den folgenden Wörtern: draught *draaft*, laugh *laaf*, laughter *laaf'tə*, chough *tshɐf*, enough *i·nɐf*, rough *rɐf*, slough *slɐf*, tough *tɐf*, cough *kɒf*, trough *trɒf*; b) burgh *bəəg*; aber in Zusammensetzungen *bɐr'o* wie Edinburgh *ęd"inbɐr'o*; lough *lɒk*; hiccough *hik'əp* wird jetzt gewöhnlich hiccup geschrieben.

§ 103. **H** lautet in den meisten Wörtern, ist aber stumm in der Verbindung rh, wie rheum *ruum*, in der gewöhnlichen Rede auch in wh: which *witsh*, vgl. Sweet, Handb. S. 112, sowie in den folgenden Wörtern: heir *ęę'ə*, heiress *ęę'ris*, honour *ɒn'ə*, honest *ɒn'ist*, hour *au'ə*, hostler *ɒs'lə*: so auch im Auslaute, wie in hurrah *hə·raa*, catarrh *kə·taa*. In Wörtern wie h u c, h e w wird das h von vielen stets ausgesprochen, wird aber auch häufig ausgelassen (vgl. §§ 41, 50); immer humour *jɐu'mə* mit Ableitungen. In unbetonter Stellung verstummt das h ebenfalls sehr oft, wie in: have you seen him *hävju siinim*. Über c h, g h, p h, s h, t h siehe nach den einzelnen c, g, p, s, t.

§ 104. **J** lautet überall *dzh* ausser in hallelujah *häl'i·luu"jə*.

§ 105. **K** lautet regelmässig überall *k*, ist aber stumm vor n wie knife *naif*.

Anmerkung. Über die alte palatale Aussprache der k- und g-Laute siehe Storm S. 94 Note.

§ 106. **L ist stumm** vor einem zu derselben Silbe gehörenden m, f, k: alms *aamz*. calm *kaam*. calf *kaaf*, half *haaf* mit der Mehrzahl von diesen: calves *kaavz*. halves *haavz*. talk *taak*, walk *waak*. folk *foouk*. yolk *joouk*: so auch in malkin *maa'kin*. falcon *faa'kn*. colonel *kəə'nl*. would *wud*, should *shud*, could *kud*. salmon *säm'n*. almand *aa'mənd*: halser *haa'sə* wird nun gewöhnlich hawser geschrieben.

Ausnahmen siehe § 55, I, A, 2.

§ 107. **M lautet stets wie** *m*.

§ 108. **N lautet** am häufigsten wie *n*. aber wie *ŋ* in betonter Silbe vor einem *g*- oder *k*-Laute: thank *þäŋk*, anchor *äŋ'kə*. anger *äŋ'gə*, compunction *kəm'pvŋk'shən*, conquer *koŋ'kə*, conquest *koŋ'kwist*: longer *loŋ'gə*, longest *loŋ'gist*; merke: handkerchief *häŋ'kətshif*, anxious *äŋ'shəs*.

Ausgenommen: Part. Präs. und nomina agentis von Verben auf ng, wo ng zusammen nur *ŋ* bezeichnen: sing *siŋ* — singing *siŋ'iŋ* — singer *siŋ'ə*, und die Vorsilbe in-: increment *in'krimənt*.

Das n ist **stumm** nach einem zu derselben Silbe gehörenden m: hymn *him*. damn, *däm*. limn *lim*. solemn *sol'im*, autumn *aa'təm*: dagegen damnation *dəm'neei'shən*. limner *lim'nə*. — Gleichfalls stumm in kiln *kil*.

§ 109. **P ist stumm:**

1) im Anlaute vor s, t: psalm *saam*, ptarmigan *taa'migən*.

2) zwischem m und t: tempt *tęmt*, consumption *kən'svm'shən*: so auch in receipt *ri'siit*, cupboard *kvb'əd*; empty sowohl *ęm'ti* wie *ęmp'ti*.

§ 110. **Ph lautet** gewöhnlich *f*. aber *v* in nephew *nęv'ju*: merke shepherd *shep'əd*, eigentlich sheep-herd.

§ 111. **Qu lautet** gewöhnlich wie *kw*: queen *kwiin*, aber wie *k* vor *ə*: liquor *lik'ə*, conquer *koŋ'kə*, conqueror *koŋ'kərə*.

§ 112. **R lautet** nur vor Vokal, gleichviel ob dieser zu demselben Worte gehört oder das nächste Wort anfängt: red *ręd*, merry *męr'i*, hear us *hii'ərəs*, the father of the child *ðə'faa'ðərəðə tshaild*.

Wo dagegen dem r ein Vokal nicht folgt stummes e wie in more wird nicht gerechnet), ist es in der Aussprache verstummt. Hierbei ist zu merken:

1) in betonter Silbe wird auslautendes r durch ə ersetzt, das in *aa* und *ɔɔ* aufgeht: more *maa'ə*. four *faa'ə*. poor *puu'ə*, hear *hii'ə*, there *ðęę'ə*: dagegen far *faa*. star *staa*: her *hɔɔ*, stir *stəɔ*, fur *fɔɔ*.

2) in betonter Silbe vor Konsonant ist das r zu einem blossen Stimmgleitlaut herabgesunken, so dass praktisch keine Spur mehr davon vorhanden ist, ausser nach *ii* wo der ə-Laut noch bewahrt wird: lord *laad* (= laud, lorn *laan* = lawn, source *sɔɔs* (= sauce), arms *aamz* (= alms), farther *faa'ðə* (= father); dagegen beard *bii'əd*; so wird auch ə gehört im Präteritum von schwachen Verben auf r: poured *pɑɑ'əd*, floored *flɑɑ'əd*.

3) in unbetonter Silbe, sowohl vor einem Konsonanten wie im Auslaute, schmelzen das *r* und der vorhergehende Vokal regelmässig in dem einen Laut ə zusammen (Näheres siehe die einzelnen unbetonten Vokale §§ 86—93: persuade *pəswęęid*, beggar *bęg'ə*, sailor *sęęi'lə*, figure *fig'ə*. Wenn in dem letztgenannten Falle das folgende Wort mit einem Vokal anfängt, wird das *r* wohl wieder eingesetzt, das ə aber bleibt stehen: a teacher of English ə *tii'tshərər iŋ'glish*. Diese Gewohnheit hat bewirkt, dass man ganz unbewusst ein *r* zwischen ə und einen Vokal einschiebt, auch da, wo man kein r schreibt; so hört man, nicht nur in der vulgären, sondern auch in der gebildeten Rede, an idea of mine *ənai diï'ərər main*: the sofa is new ðə *soou'fəriz njuu*; America and England ə *męr'ikərənd iŋ'glənd*. do you know where Martha is -*dju noou'węęə maa'θəriz*. Dass dies in der gebildeten Rede stattfindet, wird von den meisten Engländern natürlicherweise geleugnet.

§ 113. S lautet *s* und *z*.

I. *s*:

1 im Anlaute: sea *sii*. spell *spęl*. suit *suut*: ebenso in deutlichen Zusammensetzungen wie: seaside *sii'said*, asunder *ə'smi'də*, foresight *fɑɑ'ə'sait*, unseen *ʌn·siin*, besiege *bi·siidzh*, handsome *hän'səm*. Merke: sure *shuu'ə*. sugar *shug'ə*.

2) im Auslaute: gas *gäs*. this *ðis*. thus *ðʌs*. Christmas *kris'məs*, pious *pai'əs*: boots *buuts*. docks *dɔks*. sinks *siŋks*.

Ausnahmen: a) Biegungs-s nach Vokalen und stimmhaften Konsonanten, siehe II, 1. b) as *äz, əz*, was *wɔz, wɐz*.

3) im Inlaute:

a) wo es mit einem stimmlosen Konsonanten zusammenstösst: sister *sis'tə*. hospital *hǫs'pítəl*, tipsy *tip'si*, wasp *wǫsp*.

b) in englischen Wörtern vor unhistorischem stummem e: louse *laus*, ags. lús; house *haus*, ags. hús; goose *guus*. ags. gós, mouse *maus*. ags. mús: else *ęls* ags. elles.[1]

c) in französischen Wörtern wo das Französische entweder s oder stummes s hat: transe *traans*. fr. transe: dense *dęns*. fr. dense: nurse *nəəs*. fr. nourrice; purse *pəəs*. fr. bourse; tinsel *tin'sl*. fr. étincelle; counsel *kaun'sl*, fr. conseil; resound *rü·saund* lauten). fr. resonner mit *s*; resign *rü·sain* (wieder unterzeichnen), fr. resigner; obeisance *ə·bii'sns*, fr. obéissance: chase *tshęęis*, ·fr. chasse; basin *bęęi'sn*. fr. bassin: mason *męęi'sn*, fr. maçon; cease *siis*. fr. cesser; lease *liis*, fr. laisser; grease *griis*. fr. graisse; increase *in·kriis*. altfr. part. -creissaut: case *kęęis* fr. cas mit stummem s; base *bęęis*. fr. bas: concise *kən·sais*. fr. concis; decease *di·siis*. fr. décès: use. Subst. *juus*, fr. us: paradise *pär'ə·dais*. fr. paradis.

Doch findet sich auch abweichend vom französischen s in einigen Wörtern nach kurzem betonten Vokal, wie animosity *än'i·mǫs"iti*. fr. animosité mit *z*; curiosity *kjuu'ri·ǫs"iti*, philosophy *fi·lǫs'əfi*, sowie einige andere, wie episode *ęp'i·sooud*. poesy *poou'isi*. — Über einige Ausnahmen mit *z*, wo franz. *s* steht, siehe unten.

Anmerkung. Die Vorsilbe dis wird gewöhnlich mit *s* ausgesprochen ausser in den folgenden Wörtern: disaster *di·zaas'tə*, disease *di·ziis*, dishonest *di·zǫn'ist*, dishonour *di·zǫn'ə*, disown *di·zooun*; merke: discern *di·zəən*.

II. *z*, nur im In- und Auslaute.

1) im Auslaute jedes Biegungs-s nach einem stimmhaften Laute: seas *siiz*, sees *siiz*, says *sęz*. his *hiz*, pens *pęnz*, dog's *dǫgz*.

2) im Inlaute:

a) in englischen Wörtern zwischen zwei Vokalen: vor auslautendem e nur, wenn dies historisch ist, d. h. ein ur-

---

[1] So auch grouse *graus* von unbekanntem Ursprung; loose *luus* mit s ist unregelmässig, da ags. leás, in schwacher Form leása, regelmässig *liiz* hätte geben sollen; vgl. wise *waiz* von ags. wís, in schwacher Form wísa.

sprüngliches e oder eine andere abgestorbene Endung vertritt:
bosom *buz'əm*. busy *biz'i*. thousand *ţau'znd*. lose *luuz*, ags.
-leósan: rise *raiz*. ags. rísan; these *ðiiz*, ags. þise; cheese
tshiiz, ags. cŭse; choose *tshuuz*, ags. ceósan; chose *tshoouz*,
ags. ceás, hat *z* durch Einfluss des Partic. chosen *tshoou'zn*.
b) in französischen Wörtern, wo das franz. *z* hat, d. h.
wo im franz. altfranz.) das s zwischen zwei Vokalen steht:
season *sii'zn*, fr. saison; easy *ii'zi*, fr. aisé; palsy *páál'zi*, fr.
palésie; crimson *krim'zn*, fr. cramoisi; damsel *däm'zl*, fr.
damisele; tansy *tän'zi*, fr. tanaisie; in den meisten Fällen
steht das s auch im Englischen zwischen zwei Vokalen: desert
dęz'ət, design *di·zain*, resign *ri·zain* (aufgeben), resound *ri·zaund*
wiederhallen), present *pręz'nt*, preserve *pri·zəəv*, presume *pri-*
·zjuum, resolve *ri·zǫlv* wegen fr. Part. résolvant. Unrichtig
in resent *ri·zęnt*, fr. ressentir; resemble *ri·zęm'bl*, fr. res-
sembler; resort *ri·zâət*, fr. ressortir.

c) in einigen Fällen kann *z* im Englischen nur durch den
Zusammenstoss mit einem stimmhaften Konsonanten erklärt
werden: cosmetic *kəz·męt'ik*, fr. cosmétique mit *s*; dismal
diz'məl, dismay *diz·męei*, die Endung -ism, wo das Französische *sm* mit tonlosem *m* hat; muslin *muz'lin*, fr. mousse-
line; grisly *griz'li*, gosling *gǫz'liŋ* trotz goose *guus*; absolve
əb·zǫlv, observe *əb·zəəv*, husband *huz'bənd* und housewife *huz'if*
(Necessaire) trotz house *haus*; Thursday *ţəəz·di*, cleanse *klęnz*,
whimsey *wim'zi* (Grille).

Über s in Wörtern wie vision, censure siehe §§ 91
Anm. 1, 93 Anm.

III. Das s ist stumm in den folgenden Wörtern: isle
ail, aisle *ail*, island *ai'lənd*, puisne *pjuu'ni*, fr. puisné; viscount *vai·kaunt*.

§ 114. Ss wird nur im In- und Auslaute geschrieben und
lautet gewöhnlich *s*; doch wird es *z* in den folgenden Wörtern gesprochen: scissors *siz'əz*, wegen fr. ciseaux; possess
pə·zęs, dissolve *di·zǫlv*, dessert *di·zəət*, hussar *hə·zaa*, welche
alle im fr. *s* haben: posséder, dissolvant, dessert,
hussard (doch auch housard mit *z*, siehe Sachs, Wbch.);
hussy *huz'i*.

§ 115. T lautet wie *t* in den meisten Wörtern, ist aber
stumm im Inlaut in der Verbindung -sten und st + Kons.:

hasten *hęę'sn*, fasten *faa'sn*, moisten *moi'sn*, christen *kris'n*; castle *kaa'sl*. wrestle *ręs'l*, pestle *pęs'l*, thistle *þis'l*, hostler *ọs'lə*: chestnut *tshęs'nət*, waistcoat *wes'kət*, sowie in den folgenden Wörtern: often *ọf'n*. soften *sọf'n*. mortgage *mää'-gídzh*, bankruptcy *bäŋk'rəpsí*, boatswain *boou'sn*.

§ 116. Th lautet þ und ð.

I. þ:

1) im Anlaut: thank *þäŋk*, theft *þęft*, thin *þin*.

Ausgenommen: Pronomina und davon abgeleitete Wörter: they *ðęęí*, them *ðęm*, their *ðęę'ə*, this *ðis*, that *ðät*, the *ðə*, there *ðęę'ə*, thither *ðið'ə*.

2) im Auslaut: path *paaþ*, both *boouþ*; merke: eighth *ęęitþ*.

Ausgenommen: with *wið* und smooth *smuuð*, das man konsequenter Weise smoothe, ags. smóðe, hätte schreiben sollen; einige lassen das e auch in den Verben wreathe *riið*, loathe *loouð*, seethe *siið*, soothe *suuð* aus. — Substantive auf þ mit vorhergehendem langen Vokale verwandeln þ zu ð in der Mehrzahl: path *paaþ* — paths *paaðz*; doch lautet truths auch *truuþs* (Storm S. 116,[1]).

3) im Inlaute nur in dem «gelehrt» geschriebenen: author *ää'þə*, franz. auteur und catholic *käþ'əlik*, sowie in Ableitungen wie pithy *piþ'í* von pith *piþ*.

II. ð, nur im Inlaute, meist zwischen zwei Vokalen: father *faa'ðə*, feather *fęð'ə*, southern *snð'ən*, farther *faa'ðə*, brethren *bręð'rin*, worthy *wəə'ðí*, obschon von worth *wəəþ*.

Anmerkung. In den Verbindungen þs und ðz werden in der alltäglichen Rede oft þ und ð ausgelassen, wodurch wohl auch s und z ein wenig vorgerückt werden; mit þs geschieht dies jedoch nur, wenn ein Konsonant vorangeht. So spricht man z. B. months, clothes oft *mɒns*, *kloouz* statt *mɒnþs*, *kloouðs* aus; dagegen deaths immer *dęþs*.

§ 117. V ist stumm in sevennight *sęn'ít*, auch sennight geschrieben; in der Poesie oft e'er *ęę'ə*, ne'er *nęę'ə*, e'en *iin* statt ever, never, even.

§ 118. W lautet wie Konsonant nur vor einem Vokale; es ist stumm:

1) vor r: write *rait*, wrong *rɒŋ*.

2) vor Vokal in den folgenden Wörtern: two *tuu*, sword *saad*, who *huu*, whose *huuz*, whom *huum*, whole *hooul*, whore *hää'ə*, whoop *huup*, answer *aan'sə*, boatswain *boou'sn*, cockswain *kọk'sn*, gunwale *gɒn'l*, southward *snð'əd* oder *suuþ-wäad*, towards *täädz*.

---

[1] Nach Victor § 55 Anm. 1 Schluss sind auch births, fourths, eighths = *ęęiþs*, wohl vielmehr *ęęits*, vgl. Franke, E. Stud. VIII,335 auszunehmen.

Über w nach a, e, o siehe oben §§ 65. 71. 73. 78; über wh siehe § 103.

§ 119. **X** lautet:

1) *ks*. regelmässig sowohl im Inlaute wie im Auslaute: box *boks*. expect *iksp̣ekt*, maxim *mäk'sim*. exercise *ęk'sə·saiz*.

2) *gz* in der franz. Vorsilbe ex vor einem betonten Vokale: example *igzäm'pl*. exact *igzäkt*, examine *igzäm'in*, so auch exhibit *igzib'it*; merke luxurious *ləgzhuu'riəs*, anxiety *əŋzai'iti*.

Über x in Wörtern wie anxious, luxury siehe oben §§ 91 Anm. 1, 93 Anm.

§ 120. **Z** lautet regelmässig *z* in jeder Stellung: zeal *ziil*, frozen *froou'zn*, buzz *bəz*.

Über Wörter wie glazier. razure siehe oben §§ 91 Anm. 1. 93 Anm.

Anhang I.

Die Aussprache gelehrter und fremder Wörter.

— -

§ 121. Nur die Wörter, welche im Munde des Volks ihre Entwickelung und gegenwärtige Form erhalten haben, gehören in Wirklichkeit zur Sprache und haben für die Lautgeschichte Bedeutung. Alle andern Wörter, die aus fremden Idiomen aufgenommen sind und entweder einem mehr oder minder gerechtfertigten Bedürfniss in einer speciellen Wissenschaft oder einfach der Mode in einzelnen Kreisen ihr Vorhandensein in der Sprache verdanken, sind nur Fremdwörter, die wohl innerhalb gewisser Schichten der Gesellschaft sehr üblich werden können, aber der grossen Masse des Volks doch gewöhnlich unverständlich bleiben; nur selten dringt ein solches Wort aus dem Kreise der Gebildeten oder der Fachmänner in das wirkliche Leben hinaus.

Auch haben die Veränderungen in der Aussprache, die ein solches Wort erleiden kann, keinen Grund in der nationalen Sprachentwickelung, sondern beruhen auf äusseren Ursachen. Wenn z. B. das Wort drama, das man ehemals *dręęï'mə* sprach, nun *draa'mə* lautet, so liegt hier natürlich keine organische Entwickelung von *ęï* in *aa* vor; es ist lediglich ein praktisches Resultat der neueren Bestrebungen, fremden Lehnwörtern ihre eigene nationale Aussprache wiederzugeben.

Man teilt diese Wörter am besten in gelehrte Wörter, die meistens aus den klassischen Sprachen entweder unverändert aufgenommen oder mit Hülfe einer kleinen Veränderung dem Englischen angepasst sind, und in neuere Fremdwörter, die

aus lebenden Sprachidiomen als technische oder Modeausdrücke
aufgenommen sind. Die ersteren erhalten, da ihre richtige
Aussprache den meisten unbekannt ist, gewöhnlich eine mit
dem alphabetischen Werte ihrer Buchstaben übereinstimmende
Aussprache, während man die letzteren mit ihrer eigenen
nationalen Ausprache so gut wie möglich wiederzugeben sucht.

Die folgenden Listen machen natürlich keinen Anspruch
auf Vollständigkeit. was schon dadurch unmöglich wäre, dass
neue Fremdwörter so gut wie täglich in die Sprache der
Wissenschaft oder höheren Konversation aufgenommen werden.
Sie geben nur, um ihre lautlichen Tendenzen zu zeigen, die
gewöhnlichsten solcher Wörter, die aus den engeren Kreisen
gedrungen und bei den gebildeten Klassen üblich geworden sind.

§ 122. In gelehrten Wörtern gilt zunächst für die Vokale folgende Hauptregel:

I. In offener Silbe haben sie ihren langen alphabeti-
schen Laut, also' a = *ęęi*, e = *ii*, i = *ai*, o = *oou*, u = *juu*, y
= *ai*; æ = *ii*.

II. In geschlossener Silbe den entsprechenden kurzen
Laut: a = *ä*, e = *ę*, i = *i*, o = *o*, u = *v*, y = *i*.

Beispiele:

I. 1) a = *ęęi*: April *ęęi'pril*, basis *bęęi'sis*, crater *kręęi'tʒ*,
gratis *gręęi'tis*, latent *lęęi'tnt*, major *męęi'dzhʒ*, matron *męęi'-
trʒn*. matrix *męęi'triks*, pagan *pęęi'gʒn*. pathos *pęęi'þʒs*, patron
pęęi'trʒn, Satan *sęęi'tn*, vagrant *vęęi'grʒnt*, naiad *nęęi'ʒd*, Sabaoth
sʒ·bęęi'ʒþ, virago *ví·ręęi'go*, radius *ręęi'djʒs*, stadium *stęęi'djʒm*.
halo *hęęi'lo*. chaos *kęęi'ʒs*.

2) e = *ii*: genius *dzhiin'jʒs*, medium *mii'djʒm*, premium
priim'jʒm, species *spii'shis*, edict *ii'dikt*, epact *ii'pʒkt*. era *ii'rʒ*,
ether *ii'þʒ*, Eden *ii'dn*. fetus *fii'tʒs*, hero *hii'ro*, prefect *prii-
·fękt*, precept *prii·sept*, edile *ii·dail*, ferine *fii·rain*, levite *lii-
·vait*, zenith *zii'niþ*, ideal *ai·dii'ʒl*, idea *ai·dii'ʒ*, simile *sim'-
i·lii*, meteor *mii'tshʒ*, regent *rii'dzhʒnt*, epitome *i·pit'ʒ·mii*.
catastrophe *kʒ·täs'trʒ·fii*, criterion *krai·tii'riʒn*, primeval *prai-
·mii'vl*.

3) i = *ai*: crinite *krai·nait*, crinose *krai·noous*, crisis *krai-
·sis*, climax *klai'mʒks*. finite *fai·nait*. phthisis *tai'sis* (oder *tis'is*),
stipend *stai'pʒnd*. viper *vai'pʒ*. vital *rai'tl*, horizon *ʒ·rai'zn*,

alibi *ęęi'li·bai*. rhinoceros *rai·nos'i·ros*, genii *dzhii'ni·ai*, migration *mai·gręęi'shon*, micro- *mai'kro*, contrite *kon'trait*. exile *ęk·sail*, hostile *hos·tail*. die Endung -ise, ize *aiz*: exercise *ęk'-so·saiz*, advertise *äd'vo·taiz*, equalize *ii'kwo·laiz*; porcupine *pää'kju·pain*.

4) o = *oou*: colon *koou'lon*, focus *foou'kos*, hocus-pocus *hoou'kos·poou'kos*, omen *oou'mon*, oval *oou'vl*, polar *poou'lo*. protest *proou'tist*, strophe *stroou'fii*, trophy *troou'fi*, quotient *kwoou'shont*, ambrosia *om·broou'zho*, proem *proou'im*, petroleum *pi·troou'ljom*, potent *poou'tnt*.

5) u = (*j*)*uu*: student *stjuu'dnt*, tribunal *trai·hjuu'nol*, humus *hjuu'mos*, humanist *hjuu'monist*, fumigate *fjuu'mi·gęęit*, glutinate *gluu'ti·nęęit*.

6) y = *ai*: dryad *drai'od*, myopy *mai'opi*, chyle *kail*, cyclops *sai'kləps*, cyprus *sai'pros*, hybrid *hai'brid*, hydra *hai'dro*, hymen *hai'min*, hyphen *hai'fn*, typhus *tai'fos*, — anodyne *än'-o·dain*.

7) æ = *ii*, ægis *ii'gis*, pæan *pii'on*, quære *kwii'ri*, æsthetics *iis·pęt'iks*, dæmon *dii'mon*. Æneid *iin'jid*.

II. 1) a = *ä*: canal *ko·näl*, anthem *än'pom*. anti- *än'ti*. bacchanal *bäk'onol*, scald *skäld*, palmiped *päl'mi·pęd*, palmister *päl'misto*, catastrophe *ko·täs'tro·fii*, gallimatia *gäl'i·męęi''sho*.

2) e = *ę*: bellicose *bęl'i·koous*, centigrade *sęn'ti·gręęid*. ecstacy *ęk'stosi*, effigy *ęf'idzhi*.

3) i = *i*: cistern *sis'ton*, dictate *dik·tęęit*, ellipsis *i·lip'sis*.

4) o = *o*: conch *koŋk*, contra- *kon'tro*, doctor *dok'to*, doctrine *dok'trin*, dogma *dog'mo*.

5) u = *v*: cumbent *kvm'bont*, dulcify *dvl'si·fai*, frustrate *frvs·treeit*, fundament *fvn'domont*.

6) y = *i*: nymph *nimf*, lymph *limf*, system *sis'tom*, hyssop *his'op*, cymbal *sim'bl*.

Doch giebt es auch einige Ausnahmen von dieser Regel: so spricht man platina *plät'ino*, aqueduct *äk'wi·dvkt*, antipodes *än'tip''o·diis*, chemist *kęm'ist* u. a.

§ 123. Über die Konsonanten ist folgendes zu bemerken:

1) b lautet in iamb *ai'omb*, rhomb *rvmb* und *romb*. succumb *so·kvmb*, subtile *svb'til* (vgl. subtle *svt'l*).

2) c lautet wie k in sceptic *skęp'tik*.

3) **ch** lautet in allen gelehrten Wörtern wie *k*: chasm *käzm*, chaos *kẹẹʹəs*, chimera *kimʹərə*, chorus *kọrʹəs*, architect *aaʹkiʹtẹkt*, archæology *aaʹkiʹọlʹʹədzhi*, scheme *skiim*, stumm in schism *sizm* und drachm *dräm*.

4) **g** ist stumm in phlegm *flẹm*, apophthegm *äpʹoʹpẹm*, paradigm *pärʹədim*, lautet aber in phlegmatic *flẹgʹmätʹʹik*.

5) **l** lautet vor m in gelehrten Ableitungen vom lat. palma: palmister *pälʹmistə* etc.: vgl. oben § 55, I, A, 2.

6) **m** stumm in mnemonics *niiʹmọnʹʹiks*.

7) **p** stumm in pneumatic *njuuʹmätʹʹik*, pneumony *njuuʹməni*, ptisan *tizʹn*.

8) **ph** lautet wie *p* in diphthong *dipʹpọŋ* und *difʹpọŋ*, naphtha *näpʹpə*, ophthalmic *ọpʹpälʹʹmik*; stumm in phthisis *tuiʹʹsis* oder *tisʹis*, apophthegm *äpʹoʹpẹm*.

9) **s** lautet regelmässig stimmlos in allen gelehrten Wörtern: basis *bẹẹʹʹsis*, crisis *kraiʹsis*, thesis *piiʹsis*, morose *məʹroous*, jocose *dzhəʹkoous*, obese *əʹbiis*, chrysalis *krisʹəlis*. Doch giebt es einige Ausnahmen, wie chasm *käzm*, schism *sizm*.

10) **th** lautet immer hart: orthodox *aaʹpərdọks*: wie *t* in asthma *ästʹmə*, isthmus *istʹməs*.

§ 124. Neuere Fremdwörter behalten, wie oben gesagt, so weit als möglich ihre eigene nationale Aussprache; dass diese in den meisten Fällen nicht allen gelingt, ist selbstverständlich, die Bestrebung ist aber deutlich, wie die folgenden Beispiele zeigen werden:

promenade *prọmʹiʹnaad*ʹʹ, gallopade *gälʹəʹpaad*ʹʹ, mirage *miʹraazh*, vase *vaaz*, auch *vẹẹiz* (s. Storm S. 119, 125). cantata *kənʹtaaʹtə*, inamorato *inʹämʹəʹraaʹʹto*, tomato *təʹmaaʹto* und *təʹmẹẹiʹto*, llama *laaʹmə*, banana *bəʹnauʹnə*, sultana *səlʹtaaʹnə*, thaler *taaʹlə*, alt *ält*, baldachin *bälʹdəkin*;

routine *ruʹtiin*ʹʹ, caprice *kəʹpriis*, chemise *shəʹmiiz*, valise *vəʹliiz*, pique *piik*, antique *ənʹtiik*, critique *kriʹtiik*, unique *juʹniik*, intrigue *inʹtriig*, chagrin *shəʹgriin*, signior *siinʹjə*, cuirass *kwiiʹrəs*, czarina *zəʹriiʹnə*:

caoutchouc *kuutʹshuk* und *kautʹshuk*, giaour *dzhauʹə*, hautboy *oouʹboi*, manœuvre *məʹnuuʹvə*, connoisseur *konʹəʹsuuʹʹə*, chamois *shämʹwa* oder ganz anglisiert *shämʹi*, tour *tuuʹə*, coup *kuu*, gout *guu*, croup *kruu*, rouge *ruuzh*, accoutre *əʹkuuʹtə*, suite *swiit*, quadrille *kwọʹdril*, guitar *giʹtaa*, beau *boou*, bureau *bjú'roou*, corps *káa'ɔ*, debut *di·bjuu*, croquet *kroou·kẹẹi*, vignette *vin·jẹt*, waltz *wáälts*, fitz *fits*, mezzo *mẹt'so*, rendez-vous *rẹn'-di·vuu"*.

Besonders merke man die folgenden, die sehr üblich geworden sind:

lava *laa'vɔ*, saga *saa'gɔ* auch *sẹẹi'gɔ*, bravo *braa'ro*, bazaar *bɔ·zaa*; magazine *mäg'ɔ·ziin"*, marine *mɔ·riin*, terrine *tɔ·riin*, police *pɔ·liis*, fatigue *fɔ·tiig*, machine *mɔ·shiin*, depot *di·poou* und *dẹp'oou*; trait *trẹẹi*, cashier *kɔ·shii̋ɔ*, grenadier *grẹn'ɔ·dii̋'ɔ*; adieu *ɔ·djuu·*: group *gruup*, soup *suup*, route *ruut*, surtout *sɔ·tuu*, turquoise *tɔ·kiiz* oder *tɔ·koiz*, tortoise *táa'tɔs*, porpoise *páa'pɔs*: chaise *shẹẹiz*, champagne *shɔm·pẹẹin*, charade *shɔ·raad*, chevalier *shẹv'ɔ·lii̋ɔ*, charlatan *shaa'lɔtɔn*.

Anhang II.

Eigennamen.

Die folgenden Listen enthalten die gewöhnlichsten solcher Namen, deren Aussprache sich aus den gewöhnlichen Regeln nicht ergiebt.

I. Personennamen.

Aaron *aa'rɔn.*
Abigail *äb'igɔl.*
Abraham *ẹẹi'brɔhɔm.*
Adam *äd'ɔm.*
Adams *äd'ɔmz.*
Adolph *ɔ·dọlf.*
Ainsworth *ẹẹinz'wɔp.*
Albert *äl'bɔt.*
Alcock *ääl'kɔk.*
Alcott *ääl'kɔt.*
Alcuin *äl'kwin.*
Alfred *äl'frid.*
Algernon *äl'dzhɔnɔn.*
Ali Baba *aa'li baa'bɔ.*
Alice *äl'is.*
Allan *äl'n.*
Anthony *än'tɔni.*
Argyle *aa·gail.*
Babington *bäb'iŋtɔn.*

Baldwin *bääld'win.*
Balliol *bäl'jɔl.*
Bartholomew *bɔ·pọi'ɔ·mjuu.*
Beaconsfield *bẹk'nz·fiild.*
Beattie *bii'ti.*
Beauchamp *bii'tshɔm.*
Beelzebub *bẹl'zibɔb.*
Berwick *bẹr'ik.*
Blount *blɔnt.*
Boleyn *bul'in.*
Bolingbroke *bọl'iŋ·bruk.*
Boswell *bọz'wɔl.*
Bosworth *bọz'wɔp.*
Bowles *booulz.*
Bowring *bɑu'riŋ.*
Brougham *bruu'ɔm.*
Broughton *brau'tn.*
Buchan *bɒk'n.*
Buchanan *bɒk'ɔnɔn.*
Caesar *sii'zɔ.*
Campbell *käm'bl, käm'l.*

Canute *kən·juut.*
Carlisle *kaa·lail.*
Caroline *kär'ə·lain.*
Catherine *käp'rin.*
Cecil *sęs'il. sis'il.*
Chalmers *tshäl'məz.*
Chambers *tshęęim'bəz.*
Chandos *tshän'dəz.*
Chapman *tshäp'mən.*
Charles *tshaalz.*
Charlotte *shaa'lət.*
Chelmsford *tshęlmz'fəd.*
Christopher *kris'təfə.*
Clara *klär'ə.*
Clarence *klär'əns.*
Clarendon *klär'əndən.*
Clarice *klär'is.*
Cleopatra *klii·o·pęęi"trə.*
Cockburn *koou'bən.*
Coleridge *kooul'ridzh.*
Colman *koōul'mən.*
Combe *kuum, kooum.*
Congreve *kǫŋ·griiv.*
Coverdale *kŏr'ə·dęęil.*
Cowper *kau'pə, kuú'pə.*
Cyrus *sai'rəs.*
Dalton *dâäl'tn.*
Daniel *dǟn'jəl.*
Darius *də·rai'əs.*
Davenport *däv'n·pâät.*
David *dęęi'vid.*
Davis *dęęi'vis.*
Davy *dęęi'vi.*
Deborah *dęb'ərə.*
Defoe *di'foou.*
Derby *dəə'bi, daa'bi.*
De Vere *də·vii'ə.*
Devereux *dęv'i·ruu.*
Dinah *dai'nə.*
Diogenes *dai·ǫd'zhi·mĭiz.*
Disraeli *diz·ręęi'li.*
Dorothy *dǫr'əþi.*
Douglas *dvg'ləs.*
Downing *dau'niŋ.*
Edith *ii'diþ.*
Egerton *ęd'zhətən.*
Eleanor *ęl''i·nǟä'ə.*

Elias *i·lai'əs.*
Elijah *i·laid'zhə.*
Eliot *ęl'jət.*
Eliza *i·lai'zə.*
Elizabeth *i·liz'əbiþ.*
Ellesmere *ęlz"mii'ə.*
Elvira *il·vai'rə.*
Emmanuel *i·män'juəl.*
Emily *ęm'ili.*
Esther *ęs'tə.*
Eugene *juu·dzhiin.*
Eustace *juus'tis.*
Evan *ęv'n.*
Evans *ęv'nz.*
Eve *iiv.*
Eveline *ęv'ilin.*
Frederic *fręd'rik.*
Froude *fruud.*
Fulton *ful'tn.*
Gabriel *gęęi'briəl.*
Gaveston *gäv'istən.*
Geoffrey *dzhęf'ri.*
George *dzhäädzh.*
Gerard *dzhęr'əd.*
Gertrude *gəə'truud.*
Gibbon *gib'n.*
Gibson *gib'sn.*
Gifford *gif'əd.*
Gilbert *gil'bət.*
Giles *dzhailz.*
Gill *gil.*
Gillies *gil'iz.*
Gilchrist *gil'krist.*
Gilpin *gil'pin.*
Gladstone *gläd'stn.*
Goliath *gə·lai'əþ.*
Goodrich *gud'ridzh.*
Goold *guuld.*
Gower *gau'ə.*
Graham *gręęi'əm.*
Grant *gränt.*
Gregory *gręg'əri.*
Grosvenor *groouv'nə.*
Guy *gai.*
Haliburton *häl''i·bəə'tn.*
Halifax *häl'i·fəks.*
Hallam *häl'əm.*

Halliwell *häl'ĭuəl*.
Hamilton *häm'ĭltən*.
Harold *här'əld*.
Hastings *hęęĭs'tĭŋz*.
Helena *hęl'ĭnə*.
Herod *hęr'əd*.
Heywood *hęęĭ''ĭuud'*.
Hilary *hĭl'ərĭ*.
Hogarth *hoou'gaap*.
Holmes *hooumz*.
Horace *hŏr'ĭs*.
Howard *huu'əd* und *hoou'əd*.
Howell *huu'əl*.
Hubert *hjuu'bət*.
Hugh *hjuu*.
Hughes *hjuuz*.
Humphrey *hvm'frĭ*.
Ida *aĭ'də*.
Isaac *aĭ'zək*.
Isabel *ĭz'əbəl*.
Ivan *ĭ'vän*.
Jacob *dzhęęĭ'kəb*.
James *dzhęęĭmz*.
Jonathan *dzhŏn'ətən*.
Joseph *dzhoou'zĭf*.
Judith *dzhuu'dĭp*.
Julia *dzhuul'jə*.
Keith *kĭip*.
Knowles *nooulz*.
Latham *lęęĭ''pəm*.
Latimer *lät'ĭmə*.
Leicester *lęs'tə*.
Leigh *lĭi*.
Leighton *lęęĭ'tn*.
Lewes *luu'ĭs*.
Lewis *luu'ĭs*.
Lincoln *lĭŋ'kn*.
Lindsay *lĭn'zĭ*.
Lionel *laĭ'ənəl*.
Livingstone *lĭv'ĭŋstən*.
Longfellow *loŋ'fęl'o*.
Lydia *lĭd'jə*.
Macadam *mək'äd'əm*.
Macaulay *mə'kää'lĭ*.
Macbeth *mək'bęp*.
Macdonald *mək'dŏn'ld*.
Mac Dougall *mək'duu'gl*.

Macleod *mək'laud*.
Macpherson *mək'fəə'sn*.
Mahomet *mə'hŏm'ĭt*.
Mahon *mə'hooun*.
Malcolm *mäl'kəm*.
Malmesbury *maamz'brĭ*.
Maria *mə'raĭ'ə*.
Marlborough *maal'bro* oder *mää'l'bro*.
Marlowe *maa'lo*.
Mathew *mäp'ju*.
Michael *muĭ'kl*.
Mohammed *mə'häm'ĭd*.
Monmouth *mŏn'məp*.
Moore *mää'ə, muu'ə*.
Napier *nęęĭp'jə*.
Nasmyth *nęęĭs'mĭp*.
Nathan *nęęĭ'pn*.
Nathanael *nə'pän'jəl*.
O'Brien *ə'braĭ'ən*.
O'Callaghan *ə'käl'əhən*.
Odoacer *ŏd'o·ęęĭ'sə*.
Ogilby *ŏg'lbĭ*.
Ogilvie *oou'gĭlvĭ*.
Oliphant *ŏl'ĭfənt*.
Oliver *ŏl'ĭvə*.
O'Neil *ə'nĭil*.
Osborn *ŏz'bən*.
Ossian *ŏsh'ən*.
Ousely *uuz'lĭ*.
Owen *oou'ən*.
Palgrave *pääl'gręęĭv*.
Palmer *paa'mə*.
Palmerston *puaa'məstən*.
Pearson *pĭi'əsən*.
Peter *pĭi'tə*.
Pharaoh *fęę'ro, fęę'rəo*.
Phelps *fęlps*.
Powel *pau'əl*.
Pownal *pau'nl*.
Rachel *ręęĭ'tshəl*.
Raleigh *rää'lĭ*.
Ramsay *räm'zĭ*.
Ramsden *rämz'dn*.
Raphael *räf'jəl*.
Reynolds *ręn'lz*.
Robert *rŏb'ət*.
Roderic *rŏd'rĭk*.

Rodolph *roou'dlf.*
Roger *rod'zhə.*
Rogers *rod'zhəz.*
Rothschild *ros'tshaild.*
Rowe *roou.*
Rowley *rau'li.*
Saint John *sin'dzhən.*
Salisbury *saalz'bəri.*
Samuel *säm'jəl.*
Saunderson *saan'dəsən.*
Seymour *sii'mə.*
Shaftesbury *shaafts'bri.*
Shakespeare *shəqik'spə.*
Simeon *sim'jən.*
Simon *sai'mn.*
Solomon *soləmən.*
Southampton *sə'päm'tn.*
Southey *sau'ði, snð'i.*
Spalding *spääl'diŋ.*
Stanhope *stän'əp.*
St. Clair *siŋ'klə.*
Stephen *stii'vn.*
Stephenson *stii'vnsən.*
Talbot *tääl'bət.*
Thomas *tom'əs.*
Thompson *tom'sn.*
Timothy *tim'əþi.*
Titus *tai'təs.*
Tobias *tə'bai'əs.*
Townshend *taunz'ənd.*
Trollope *trol'əp.*
Troughton *trau'tn.*
Tybalt *tib'lt.*
Tyndale *tin'dl.*
Tyrwhitt *tii'rit.*
Uriah *ju'rai'ə.*
Valentine *väl'n'tain.*
Vanbrugh *vən'bruu.*
Vancouver *vən'kuuvə.*
Vaughan *vään.*
Vaux *vääks.*
Wallace *wol'is.*
Walmesley *womz'li.*
Walpole *wol'pooul.*
Warren *wor'ən.*
Warwick *wor'ik.*
Whewell *hjuu'əl.*

Wolsely *wulz'li.*
Wolsey *wul'zi.*
Worcester *wus'tə.*
Wordsworth *wəədz'wəþ.*
Wyatt *wai'ət.*
Xenophon *zen'əfən.*
Xerxes *zəək'siz.*
Yonge *joŋ.*

II. Geographische Namen.

Africa *äf'ɾikə.*
Albany *ääl'bəni.*
Albion *äl'bjən.*
Algeria *əl'dzhii'riə.*
Alnwick *än'ik.*
Alps *älps.*
Anglesea *äŋ'glsi.*
America *ə'meri'kə.*
Arabia *ə'reqib'jə.*
Asia *eei'shə.*
Austria *ääs'triə.*
Avon *eei'vn.*
Baltic *bääl'tik.*
Barbados *bə'beqi'dəz.*
Bavaria *bə'veei'riə.*
Behring's *bii'riŋz.*
Belgium *bel'dzhəm.*
Bengal *bən'gääl.*
Blenheim *blen'im.*
Brittany *brit'əni.*
Brooklyn *bruk'lin.*
Cairo *kai'ro.*
Calais *käl'is.*
Cambridge *keeim'bridzh.*
Canaan *kän'ən.*
Canaries *kə'neeri̯z.*
Canterbury *kän'təbəri.*
Capernaum *kə'pəə'nəm.*
Carolina *käɾ'ə'lai'nə.*
Chatham *tshät'əm.*
Chelmsford *tshemz'fəd.*
Chelsea *tshel'si.*
Cheltenham *tshelt'nəm.*
Cheviot *tshiv'jət.*
Chicago *shi'kaa'go.*
Chili *tshil'i.*
China *tshai'nə.*

Cincinnati *sin'si·nau"ti.*
Connaught *kon"aat'.*
Crimea *kri·mii'ə.*
Cuba *kjuu'bə.*
Culloden *kə·loon'dn.*
Danube *dän'jəb.*
Deptford *det'fəd.*
Dover *doou'rə.*
Drogheda *drââ'də.*
Dunbar *dən·bau.*
Dundee *dən·dii.*
Dungeness *dvn·dzhi·nes".*
Edinburgh *ed"in·bvr'o.*
Egypt *ii'dzhipt.*
England *iŋ'glənd.*
Equator *i·kweei'tə.*
Euphrates *ju·freei"tiz.*
Europe *juu'rəp.*
Falkirk *fââl'kək.*
Falmouth *fül'məp.*
Florida *flor'idə.*
France *fraans.*
Fulham *ful'əm.*
Galilee *gäl'i·lii.*
Geneva *dzhi·nii'rə.*
Genoa *dzhen'uə.*
Germany *dzhəə'məni.*
Gibraltar *dzhi·brââl'tə.*
Gloucester *glos'tə.*
Gravesend *greeirz·end.*
Great Britain *greeit brit'n.*
Greenwich *grin"idzh.*
Grenada *gri·neei'də.*
Guiana *gi·ün'ə.*
Guinea *gin'i.*
Hague *heeig.*
Harwich *här'idzh.*
Hayti *heei'ti.*
Hampshire *häm'shiə*¹.
Hawaii *hə·wai'i.*
Hebrides *heb'ri·diiz.*
Helena *hi·lii'nə.*
Hindostan *hin'də·stän".*
Holland *hol'ənd.*
Ilfracombe *il'frə·kuum.*
Illinois *ili·noiz.*

India *in'djə.*
Indies *in'diz.*
Inverness *in·cə·nes".*
Iowa *ai'əwə.*
Ireland *ai'ələnd.*
Islington *iz'liŋtən.*
Italy *it'əli.*
Jamaica *dzhə·meei"kə.*
Japan *dzhə·pän.*
Kentucky *kin·tvk'i.*
Labrador *läb'rə·daä"ə.*
Land's End *ländz·end.*
Leicester *les'tə.*
Leinster *lin'stə.*
Leominster *lem'stə.*
Liberia *lai·bii"riə.*
London *lvn'dən.*
Lyons *lai'əns.*
Madeira *mə·dii'rə.*
Madras *mə·dräs.*
Madrid *mə·drid.*
Magellan *mə·dzhel'n.*
Malaya *mə·leei'ə.*
Malta *mââl'tə.*
Mary-le-bone *mär'ibən.*
Massachusetts *mäs'ə·tshuu"sits.*
Mauritius *mə·rish'əs.*
Mediterranean *med"itə·reein"jən.*
Melbourne *mel'bən.*
Michigan *mish'igən.*
Milwaukee *mil·wââ'ki.*
Missouri *mi·suu'ri.*
Montreal *mont'ri·ââl".*
Moscow *mos'ko.*
Munich *njuu'nik.*
Naples *neei'plz.*
Natal *nə·täl.*
Netherlands *neð'ə·ländz.*
Nevis *nii'vis.*
Newcastle *njuu'kaa'sl.*
Newfoundland *njuu'fənd·länd'.*
New Orleans *njuu·ə·liinz"*, *njuu'-ââ"liənz.*
New Zealand *njuu·zii"lənd.*
Niagara *nai·äg'ərə.*
Niger *nai'dzhə.*

---

1. Siehe Storm S. 110.

Nile *nail.*
Norway *nåå'wi.*
Norwich *nor'idzh.*
Ohio *o'hai'o.*
Pacific *pə·sif'ik.*
Palatinate *pə·lät'init.*
Palestine *päl'i·stain.*
Pall Mall *pel'mel.*
Panama *pän'ə·maa".*
Paris *pär'is.*
Persia *pəə'shə.*
Plymouth *plim'əþ.*
Poland *poou'land.*
Potomac *pə·tuou'mək.*
Prague *preeig.*
Prussia *prvsh'ə.*
Punjab *pən·dzhäb* oder *pən·dzhååb.*
Pyrenees *pir'i·niiz.*
Quebec *kwei·bek.*
Rhine *rain.*
Rio Janeiro *rai·ədzhə·nii"·ro·*
Rome *rooum.*
Russia *rvsh'ə.*
Sahara *sə·hua'rə.*
Sandwich *sänd'witsh.*
Saxony *säk'səni.*

Siberia *sai·bii"riə.*
Sodom *sod'əm.*
Southwark *svð'ək.*
Suez *suu'iz.*
Suffolk *svf'ək.*
Swansea *swon'si.*
Sweden *swii'dn.*
Switzerland *swit'sə·länd.*
Sydenham *sid'nəm.*
Tahiti *tə·hii'ti.*
Thames *temz.*
Thebes *þiibz.*
Tiber *tai"bə.*
Trafalgar *trə·fäl'gə.*
Tranquebar *träŋ'ki·baa".*
Trinidad *trin'i·däd".*
Van Diemen's *vən·dii"mnz.*
Venice *ven'is.*
Vesuvius *vi·suuv'jəs.*
Vienna *vi'en'ə.*
Wales *weeilz.*
Wallachia *wol'eei·kjə.*
Wandsworth *wonz'wəþ.*
Waterloo *wåå'tə·luu".*
Windsor *win'zə.*
Woolwich *wul'idzh.*

Anhang III.

Sprachproben.

1. Mr. Minns and his Cousin.
mis'tə minz'əndiz knz'n.

Mr. Augustus Minns was a bachelor, of about forty as
mis'tər·uå gvs'təs minz'wozə bät'shələrəvə baut fåå'tiəz
he said — of about eight-and-forty as his friends said. He was
hii sed -əvə baut eeitən fåå'tiəziz frendz sed -hiwəz
always exceedingly clean, precise and tidy; perhaps somewhat
åål'wizik sii'dinli kliin -pri saisən tai'di präps svm'wət
priggish and the most retiring man in the world. He usually
prig'ish -əndə mooustri tai"riŋ män -ində woold -hi juu'zhuəli
wore a brown frock-coat without a wrinkle, light inexplicables
wåå'ərə braun frok·koout -wið autə riŋ'kl laitin eks'plikəblz

without a spot, a neat neckerchief with a remarkably neat
-wið autə spǫt -ə niit nęk'ətshíf -wiðəri maa'kəbli niit
tie, and boots without a fault; moreover, he always carried a
tai -ənd buutswið autə fáult máä'ə·roou"rə -hi aal'wiz kär'idə
brown silk umbrella with an ivory handle. He was a clerk in
braun silk'əm breʟ'əwiðən ai'əri händ'l -hiwəzə klaak'in
Somerset House, or, as he said himself, he held "a respon-
sṃm'əsit haus -ərazɪ sędim sęlf -hi hęldəri spǫn'-
sible situation under Government". He had a good and in-
səbl sit'shu·ęęi"shən ṃn'də gṇv'ənmənt -hiədə gud'əndin
creasing salary, in addition to some 10,000 l. of his own
krii'siŋ säl'əri -inə dish'ǫntə sṃm tęn pau'znd paundz'əviz ooun
invested in the funds', and he occupied a first floor in
-in ręs'tidīndə fṇnds -əndi ǫk'jə·paidə fəəst flaa'ərin
Tavistock-street, Covent-garden, where he had resided for
täv'istək striit kọr'nt gaa'dn węę'əriədri zai'didfə
twenty years, having been in the habit of quarrelling with his
twęn'ti jii'əz häv'iŋ biinīndə häb'itəc kwǫr'əliŋ -wiðiz
landlord the whole time, regularly giving notice of his in-
länd·laad -ðə hooul taim ręg'jələli giv'iŋ noou'tisəvizin
tention to quit on the first day of every quarter, and as
tęn'shəntə kwit'ǫndə fəəst dęęi'əv ęv'ri kwaa'tər -ənd üz
regulary countermanding it on the second. There were two
ręg'jələli kaun'tə·maan'dīŋitǝndə sęk'nd -ðərwə tuu
classes of created objects which he held in the deepest and
klaa'sizəv krii'ęęi"tid ǫb'dzhikts witshi hęldīndə dii"pistənd
most unmingled horror: they were dogs and children. He was
mooust ṃn'miŋ'gld hǫr'ə ðęęiwə dǫgzən tshil'drən -hiwəz
not unamiable but he could at any time have viewed the
nǫt ṃn'ęęim'jəbl -bəti kud'ət ęn'i taiməv ¢juud -ði
execution of a dog, or the assassination of an infant, with the
ęks'i·kjuu'shənəvə dǫg -əðiə säs'i·nęęi"shənəvən in'fənt -wiðə
liveliest satisfaction. Their habits were at variance with his
laiv'li·əst sät'is·fäk"shən ðęę'ə häb'its -wərət vęę'riənswiðiz
love of order, and his love of order was as powerful as his
lṇv'əv áá'dər -əndiz lṇv'əv áá'dəwəz üz pau'əfləziz
love of life.
lṇv'əv laif.

2. The Song of the Shirt.

With fingers weary and worn	-ðə sǫŋəɽðə shɔɔt.
With eyelids heavy and red	-wið fiŋ'gəz wii'riənd wáán
A woman sat in unwomanly rags	-wið ai'lidz hev'iənd rẹd
Plying her needle and thread.	-ə wum'n sät'in ʋn'wum'nli rägz
Stitch — stitch — stitch!	plai'iŋə nii'dlən þrẹd
In poverty, hunger and dirt.	stitsh stitsh stitsh
And still with a voice of dolorous pitch	-in pǫv'əti hʋŋ'gərən dəət
She sang the "Song of the Shirt!"	-ənd stil'wiðə vois'əʋ dǫl'ərəs pitsh
	-shi säŋ'ðə sǫŋ'əɽðə shɔɔt.

* * *

"Work — work — work	wɔɔk wɔɔk wɔɔk
While the cock is crowing aloof:	wail'ðə kǫk'iz kroou'iŋə luuf
And work — work — work	-ən wɔɔk wɔɔk wɔɔk
Till the stars shine through the roof!	-tilðə staaz shain'þrʋðə ruuf
It's O! to be a slave	-its oou -təbiə sleeiʋ
Along with the barbarous Turk,	-ə lǫŋ'wiðə baa'brəs təək
Where woman has never a soul to save	weę'ə wum'nəz neʋ'ərə soouḷ'tə seeiʋ
If this is Christian work.	-if ðis'iz krist'shən wɔɔk.

* * *

Work — work — work	wɔɔk wɔɔk wɔɔk
Till the brain begins to swim;	-tilðə brẹin'bi giuz'tə swim
Work — work — work	wɔɔk wɔɔk wɔɔk
Till the eyes are heavy and dim!	-tilði aiz'ə heʋ'iən dim
Seam and gusset and band, —	siim'ən gʋs'itən bänd
Band and gusset and seam,	bänd'ʋn gʋs'itən siim
Till over the buttons I fall asleep.	-til oou'rədə bʋt'nz ai fáaḷ'ə sliip
And sew them on in a dream!"	-ʋn soou'ðəm ǫn'inə driim.

Nachtrag zu §§ 7—8.

Wenn ich in § 7 (Schluss) sage, dass die *a*-Laute in der heutigen Form des Bell-Sweet'schen Vokalsystems keinen Platz finden, so ist dies gewiss doch zu viel gesagt. Ich glaube vielmehr jetzt, dass *a*-Laute sich sehr wohl als mid- und low-back bilden lassen, glaube aber auch, dass dies nicht die einzige Bildungsweise der betreffenden Laute ist. Es war die Uebereinstimmung zwischen den Beschreibungen des *a* bei Trautmann und Techmer und der Bildungsweise meines eigenen natürlichen *a*, die mich auf den Gedanken brachte, dass hier eine Lücke im Bell-Sweet'schen System sein müsse: da aber das System mich in allen anderen Punkten befriedigte, konnte ich nicht zu irgend einem deutschen Systeme übergehen, und es war mir nichts anderes übrig, als die fehlende Artikulation einzufügen. Dies hindert also durchaus nicht, dass das System in seiner heutigen Form für das Englische vollständig gilt, wie ja auch Trautmann (§ 353 sagt, dass die Zungenspitze beim englischen *a* die unteren Schneidezähne nicht berührt, sondern zurückgezogen ist. In diesem Falle ist es also unrichtig, wenn ich § 22 das englische *a* als identisch mit dem *a* in ital. padre und nordd. Vater bezeichnet habe, und es wäre für meinen Zweck vielleicht besser gewesen, wenn ich das Bell-Sweet'sche System unverändert beibehalten und meine Modifikation in einer Anmerkung vorgeschlagen hätte.

Über die Bedeutung des Kieferwinkels muss ich noch ein paar Worte sagen. Es ist natürlich, dass die Grösse des Kieferwinkels nicht allein den Unterschied zwischen den Vokalen derselben Reihe, wie *i-e-œ*, bewirkt: dieser beruht in Wirklichkeit auf den Abstand zwischen der Zunge und dem Gaumen, woher es auch leicht möglich ist, die verschiedenen

Vokale derselben Reihe mit ganz demselben Kieferwinkel auszusprechen.[1] Die Frage ist aber nicht, was wir thun
können, sondern was wir wirklich thun, und indem
ich dies im Auge behalte, muss ich sagen, dass die Grösse des
Kieferwinkels ein praktisches äusseres Kennzeichen der verschiedenen Vokalhöhen ist. Es ist ja auch möglich, mehrere
Vokale auszusprechen, indem man sich auf die Zunge beisst,
aber Niemand würde wohl darum etwa eine Gruppe „Zungen-
biss"-Vokale aufstellen. Für die Aufstellung eines Systems
können nur die Bewegungen massgebend sein, die in natürlicher Rede gemacht werden, und von diesen wieder besonders
die, welche am leichtesten beobachtet werden können. — Ein
besonderer Grund für mich, die Grösse des Kieferwinkels als
Kriterium aufzustellen, war aber auch der Umstand, dass ich
glaubte, dadurch eine klarere Vorstellung zu geben von dem
Unterschied zwischen offen und geschlossen einerseits,
und weit und eng andererseits, indem im ersten Falle die
Veränderung des Abstandes zwischen der Zunge und dem
Gaumen auch mit Veränderung des Kieferwinkels verbunden
ist, während im letzteren der Kieferwinkel unverändert bleibt.

1) Wovon man sich leicht überzeugen kann, indem man z. B. einen
Bleistift zwischen die Zähne steckt.

Wortregister.

B.

baa 52.
babery 37.
bacchanal 73.
back 39.
bacon 40, 61.
bade 41.
baffle 32.
bail 22, 52.
baked 37.
baker 24, 33. 34,
　35, 36.
bakes 37.
baking 37.
balance 40.
bald 42.
baldachin 74.
ball 42.
balm 37.
balsam 42.
banana 74.
bane 41.
banish 39.
bankruptcy 69.
barbaric 39.
barbarism 37.
baron 39.
baronial 48.
barony 36.
barrel 59.
barren 39, 59.
base 67.
basin 40, 61, 67.
basis 72, 74.
bask 38.
bass 38.
bass-relief 38.
bast 38.
bath 38.
battalion 41.
bazaar 75.
beacon 53.
beadle 31, 52.
beak 53.
bear 53.
beard 53, 66.

beat 14, 53.
beaten 31.
beau 23, 74.
beauty 20, 53.
become 58.
bed 43.
beds 33.
bee 54.
been 54.
beggar 24, 26, 33,
　34, 35, 57, 66.
begged 26.
begs 33.
behaviour 59.
belch 63.
bellicose 73.
below 58.
bench 63.
benedict 43.
benefit 43.
benign 47.
berth 18, 45.
besiege 66.
besom 44.
between 58.
bias 46.
bier 54.
bigger 59, 64.
biography 48.
birch 47.
bird 18.
birth 47.
biscuit 60.
bishop 46.
bit 14, 45.
blamable 37.
blanch 38.
blazon 40.
blazonry 37.
bleed 18, 54.
blemish 43.
blew 54.
blood 17, 55.
blue 56.
boa 48.
board 55.
boat 23, 33, 54.

boatswain 69.
bode 33.
body 33, 48.
bold 49.
bolster 49.
bolt 49.
bomb 49.
bond 47.
bonds 28.
bone 23, 48.
boneless 36.
book 20, 55.
boots 66.
bore 49.
borough 50, 60,
　64.
bosom 50, 68.
botany 47.
both 49, 69.
bottle 31.
bough 55.
bought 55, 64.
bourn 55.
bow 55.
box 70.
boy 14, 55.
bracelet 41.
branch 16, 38, 63.
bravo 75.
brazier 41.
bread 53.
breadth 53.
break 22, 53.
breakfast 53, 57.
breast 53.
breath 53, 62.
breathe 52, 62.
breeches 18, 54.
brethren 69.
briar 46.
bribery 37.
bridal 36, 61.
bridge 64.
bridle 46.
brigand 45.
British 46.
broad 21, 55.

broken 48.
brooch 23, 55.
broth 47.
brother 50.
brought 21, 55.
brow 55.
bugle 50.
build 33, 56.
built 33.
bull 20, 50.
bullet 50.
bullock 50.
bully 50.
bulrush 50.
bulwark 50.
buoy 57.
burden 31.
bureau 74.
burgh 64.
burial 36.
burn 14, 18, 51.
bury 19, 50.
bush 50.
bushel 50, 59, 61.
business 61.
busy 18, 50, 68.
but 14, 16. 33,
　34, 51.
butcher 50.
button 61.
buy 23, 56.
buzz 70.
by 23, 51.
bye 23, 57.

C.

cab 39.
cabin 39.
caldron 42.
calf 37, 65.
call 42.
called 62.
calm 16, 37, 65.
calves 37, 65.
cambric 41.
camel 32, 39, 61.
canal 73.

corps 75.
corroborate 45.
cosmetic 68.
cost 49.
cotton 61.
cough 20, 56, 64.
coughed 63.
could 20, 56, 65.
counsel 61, 67.
counterfeit 25,59.
country 17, 56.
coup 74.
couple 56.
courage 56.
course 55.
court 55.
courteous 56.
courtesy 56.
cousin 17, 56, 61.
cover 50.
covet 50.
covey 50.
cow 55.
coward 55.
cozen 50.
crater 72.
create 52.
creature 53.
credit 43.
crevice 44.
cries 62.
crimeful 62.
crimson 68.
crinite 72.
crinose 72.
crisis 72, 74.
criterion 72.
critique 74.
croquet 75.
crosier 48.
cross 47.
croup 74.
cruise 56.
crust 62.
crystal 51.
cuckoo 50.
cue 56.

cuirass 74.
cumbent 73.
cupboard 65.
cur 51.
curiosity 47, 67.
curious 50.
current 51.
cushion 50, 62.
cut 16, 62.
cycle 51.
cyclops 73.
cymbal 73.
cynic 18, 51, 62.
cyprus 73.
czarina 74.

D.

daemon 73.
damage 40.
damask 39.
damn 65.
damnation 65.
damsel 68.
dance 14, 16, 38.
danger 41.
Danish 36.
deacon 53.
dead 19, 53.
deaf 53.
dealt 53.
dear 34.
dearth 53.
deaths 69.
debt 62.
debut 75.
decease 67.
decency 36.
decent 43.
decisive 36.
decompose 44.
defect 58.
definite 61.
degree 58.
deign 22, 54.
deist 44.
delirious 46, 59.
deliver 45.

deluge 44.
demand 39.
demon 43.
denomination 48.
dense 67.
depopulation 48.
depot 75.
describe 58.
desert 43, 68.
design 47, 68.
desirous 36.
despair 58.
dessert 68.
destroy 58.
deter 45.
deuce 20, 54.
devil 44, 61.
devotion 48.
devour 55.
diadem 46.
dial 46.
dialogue 46.
diamond 46.
dictate 73.
die 23, 54.
diet 46, 54.
different 61.
diminish 45.
diminutive 46.
dimish 36.
diphthong 74.
disaster 67.
discern 63, 67.
discretion 45.
disease 67.
dishevel 43.
dishonest 67.
dishonour 67.
dismal 68.
dismay 68.
disown 67.
disparage 40.
dissolve 68.
distribute 60.
divers 46.
divide 59.
do 50.

docks 66.
doctor 73.
doctrine 73.
doe 55.
does 17, 55.
dogma 73.
dog's 67.
doll 49.
dolour 47.
done 50.
donjon 49.
don't 49.
door 21, 55.
dost 49.
dotal 47.
doth 49.
double 56.
doubt 55, 62.
dough 55.
dove 50.
dozen 50.
drachm 74.
draft 38.
dragon 32.
drain 52.
drama 39, 71.
draught16,52,64.
dread 53.
dreadful 61.
dream 18.
dreamt 19, 53.
drew 54.
dripped 63.
driven 46.
droll 49.
dromedary 49.
drought 55.
dry 51.
dryad 73.
ducat 50.
duck 51.
duke 20, 27, 50.
dulcify 73.
duly 62.
dumb 62.
duty 34, 50.
dwarf 43.

free 54.
freight 54.
freshen 59, 61.
friend 19, 54.
frigate 46.
frigid 45.
fro 48.
front 49.
frost 49.
froze 48.
frozen 48, 61, 70.
frugal 32, 61.
fruit 20, 56.
frustrate 73.
full 14, 20, 33,
    34, 50.
fumigate 73.
fundament 73.
funereal 59.
fur 24, 51, 66.
furious 50.
furrow 51.
future 50.

G.

gaelic 19, 52.
gallimatia 73.
gallopade 74.
gantlet 38.
gaol 22, 52, 64.
gaoler 52.
garden 61, 64.
gas 66.
gather 40.
gaud 33.
gauge 22, 52.
gave 64.
gelid 43.
gem 64.
general 43.
generation 44.
generosity 44, 59.
generous 43, 61.
genial 45, 59.
genii 73.
genius 72.
gerent 43.

get 43, 64.
ghost 49, 64.
giant 46, 64.
giaour 74.
giddy 45.
gin 64.
gipsy 51.
gird 47.
girl 47.
give 46, 64.
given 46.
glacial 60.
glass 38.
glazier 60.
glory 64.
glove 17, 50.
glue 56.
glutinate 73.
gnat 64.
gnaw 64.
go 48.
god 33, 34.
goes 62.
golden 61.
gone 48.
good 55.
goose 67, 68.
gosling 68.
gourd 55.
gout 55, 74.
govern 50, 64.
graceful 36.
gracious 41, 60.
grandeur 60.
granite 40.
grant 16, 38, 64.
gratification 40.
gratify 40.
gratis 72.
gravel 39, 61.
gravity 40.
grease 67.
great 22, 53.
grenadier 75.
grey 22, 54.
grind 47.
grindstone 47.

grisly 68.
groat 55.
groats 55.
gross 49.
group 75.
grouse 67.
guarantee 56.
guard 56.
guardian 56.
guerdon 56.
guerite 56.
guess 56.
guest 56.
guidance 36.
guide 56, 64.
guild 56.
guilt 56.
guinea 56, 59.
guise 56.
guitar 74.
gulf 64.
gunwale 69.
gutter 51.
gypsy 51.

H.

habit 39.
habitation 40.
had 39.
half 16, 37, 65.
halfpence 38, 63.
halfpenny 38, 63.
hallelujah 64.
hallow 39.
halm 38.
halo 72.
halser 42, 65.
halt 42.
halves 37, 65.
hand 39.
handkerchief 63,
    65.
handsel 63.
handsome 60, 63,
    66.
handy 36.
han't 38.

hare 14, 19, 41.
harvest 37.
has 39.
hasp 38.
hast 38.
haste 41.
hasten 69.
hasty 36.
hath 38.
haunt 52.
hautboy 23, 74.
have 14, 41.
haven 32, 41.
hawk 52.
hawser 42.
hazel 41.
he 18, 44.
head 19, 34, 53.
heads 28.
health 53.
hear 34, 66.
hearken 53.
hearse 53.
heart 16, 53.
hearth 16, 53.
heathen 53.
heather 53.
heave 52.
heaven 32, 53, 61.
heavy 53.
Hebrew 43.
hedge 63, 64.
heifer 19, 54.
heigh-ho 54.
height 23, 54.
heinous 54.
heir 19, 54, 64.
heiress 64.
her 18, 45, 66.
herald 43.
here 44.
hero 43, 72.
hesitate 44.
hey 54.
hiccough 64.
hiccup 64.
hideous 46, 59.

liquid 45.
liquor 45, 65.
listen 61.
live 46.
liver 46.
livid 45.
lizard 45.
llama 74.
load 54.
loathe 69.
local 47.
loll 49.
longer 65.
longest 65.
look 55.
loose 55, 67.
loosen 61.
lord 21, 66.
lorn 66.
lose 50, 68.
loss 47.
lost 49.
lough 56, 64.
lounge 55.
louse 67.
love 50.
low 55.
lower 55.
lozenge 48, 58.
luminous 60.
luncheon 62.
lute 20.
luxurious 70.
luxury 60.
lymph 73.
lyre 51.
lyric 18, 51.

M.

ma 39.
mace 41.
machine 75.
madden 31.
magazine 75.
magic 39.
magistrate 40.
maintain 58.

major 72.
majority 47.
malice 40, 62.
malkin 65.
malmsey 37.
malt 42.
man 14, 19, 33, 34.
manage 40, 62.
mange 41.
manger 41.
manifestation 40.
manifold 42.
manner 34, 55.
manœuvre 74.
manor 39.
manufacture 40.
manure 57.
many 19, 42.
marble 37.
march 37.
marine 75.
marriage 61.
marry 39.
marshal 61.
mason 31, 40, 67.
mass 38.
master 38.
mathematics 39.
matin 39.
matrimonial 40.
matrimony 40.
matrix 72.
matron 72.
mavis 40.
maxim 70.
mayor 52.
maze 41.
me 44.
meadow 53.
meager 52, 64.
mean 33.
meant 53.
measles 53.
measure 53, 60.
mechanic 63.
medal 43, 61.

medical 44.
medicine 44, 61.
medium 72.
melancholy 44.
memory 61.
men 14.
menace 41.
mention 60.
mercy 45.
mere 44.
merit 43.
merry 43, 65.
metal 43, 61.
meteor 72.
meter 43.
method 43.
metre 44.
mezzo 75.
micro- 73.
migration 73.
milch 63.
mild 45.
militia 60.
million 59.
miniature 61.
minister 46.
minority 47.
minute 46, 60.
miracle 58.
mirage 74.
mitre 46.
mixtion 59.
mnemonics 74.
moan 54.
model 47, 61.
moderate 48.
moderation 48.
modern 47.
modest 47.
moisten 69.
moment 47, 58.
monarch 47, 63.
Monday 49.
money 50.
monger 49.
mongrel 49.
monk 49.

monkey 49.
month 14, 49.
months 69.
moral 47.
more 14, 66.
morning 14.
morose 74.
morrow 20, 47.
mortgage 69.
moss 47.
most 49.
mother 50.
motive 48.
mould 23, 55.
moult 55.
mourn 55.
mouse 67.
move 20, 50.
mow 23.
murder 51.
muscle 62.
music 62.
muslin 68.
mutton 31, 61.
my 23.
myopy 73.
myriad 51.
myrrh 51.
myrtle 18, 51.
mythic 51.

N.

naiad 72.
naked 41, 58.
name 14, 22.
naphtha 74.
nasal 31, 40, 61.
nasty 38.
natal 40.
nation 36, 41, 60, 61.
national 36.
native 40.
natural 36.
nature 29, 35, 36, 40, 60.

nauseous 59.
naval 32, 36, 61.
navel 41, 61.
navigable 40.
navigate 40.
navy 36.
near 53.
necessary 44, 58,
  62.
necessity 58.
needle 54.
ne'er 54, 69.
negative 44.
neigh 54.
neighbour 54.
neither 54.
nephew 43, 65.
nether 44.
never 44.
new 20, 54.
niece 54.
night 47.
nimble 45.
no 14, 48.
noble 48.
none 50.
nor 49.
not 20.
notable 37.
nothing 50.
notice 48.
notion 48.
nought 55.
nourish 56.
novel 47.
novice 48.
now 55.
noxious 60.
nuisance 56.
numerous 61.
nurse 67.
nymph 18, 73.

O.

oar 55.
obeisance 67.
obese 74.

obey 54.
object 24, 58.
observe 68.
occasion 25, 60.
occurrence 51.
ocean 59.
odious 29, 59.
odour 47.
of 63.
off 47.
often 32, 61, 69.
ogle 48.
oil 14, 55.
old 49.
ombre 49.
omen 73.
ominous 47.
once 49.
one 49.
onion 48, 50, 59.
only 49.
open 32, 48, 61.
operate 48, 59.
operation 48.
ophthalmic 74.
oppugn 51.
or 49, 60.
orator 60.
ordinary 62.
ornament 59, 61.
orphan 32.
orthodox 74.
ought 55.
ounce 55.
our 55.
out 14, 55.
oval 73.
oven 50.
over 48.
owe 55.
oyster 55.

P.

pa 39.
paced 63.
pacific 45.
paean 73.

pagan 72.
paganism 37.
pair 52.
palace 40, 58.
palate 40, 58.
palfrey 42.
palmiped 73.
palmister 73, 74.
palsy 42, 68.
panegyric 51.
panel 39.
panic 39.
pant 38.
papal 40.
paper 40.
papist 41.
paradigm 74.
paradise 67.
parallel 59, 61.
paralytic 51.
parcel 37.
pardon 37, 61.
parent 40.
parish 39.
parliament 61.
parse 37.
participate 46.
passed 63.
paste 41.
pastry 37.
patent 39.
path 14, 16, 38,
  69.
paths 69.
pathos 72.
patient 41.
patriotism 37.
patrimony 40.
patrol 49.
patron 35, 72.
pay 22, 52.
pea 52.
peach 53.
pear 53.
pearl 53.
peasant 53.
pedant 13.

pedigree 44.
penal 43.
pens 67.
people 18, 32, 54.
perfect 58.
peril 43.
period 45, 59.
perish 43.
Persian 60.
persuade 56, 59,
  66.
perturb 59.
pestle 69.
petroleum 73.
pheasant 53.
philosophy 67.
phlegm 74.
phlegmatic 74.
phthisis 72, 74.
physic 51.
physician 59.
pickle 32.
piece 54.
pigeon 46.
pilot 46.
pint 45.
pious 66.
pique 74.
pirate 46.
pith 69.
pithy 69.
pity 24, 33, 34,
  35, 45.
placable 40, 57.
placid 39.
plaid 19, 52.
planet 39.
plaster 38.
platina 73.
played 62.
pleasant 53.
pleasure 53.
pledge 64.
plough 55, 64.
plumb 62.
pneumatic 74.
pneumony 74.

resemble 68.
resent 68.
residence 36.
resident 44.
resign 44, 47, 67, 68.
resin 43.
resolution 44.
resolve 68.
resort 68.
resound 44, 67, 68.
retaliate 41.
retch 43.
return 58.
revel 43.
rheum 54, 64.
rhinoceros 73.
rhomb 73.
rhyme 51.
ribband 63.
ribbon 32.
right 47.
righteous 59.
rigid 45.
rigour 45.
rind 47.
rise 68.
risen 46.
rival 61.
rivalry 37.
river 45.
rivet 45
robbed 26.
robber 26.
robin 47.
robs 33.
Roman 57.
Romish 36.
rose 45.
rouge 74.
rough 56, 64.
route 75.
routine 74.
rubric 50.
rudder 26.
rude 20.

rue 20.
rule 50.
run 51.
rye 23, 57.

S.

Sabaoth 72.
sable 41.
sacrifice 62.
saddle 31.
saga 75.
said 52.
sail 14.
sailing 35.
sailor 24, 36, 66.
salad 39.
salient 41.
salmon 38, 65.
salt 42.
salve 37.
sarcasm 37.
Satan 72.
satin 39.
satire 40, 59.
satisfaction 40.
Saturday 40.
sauce 66.
savage 40.
saviour 41.
savour 40.
saw 21, 52.
say 22, 52.
says 52, 67.
to scald 42.
scald 73.
scanty 38.
searee 37.
scene 62.
sceptic 73.
scheme 74.
schism 74.
school 63.
schooner 63.
science 46, 62.
scissors 68.
scour 55.

scourge 56.
scythe 51, 62.
sea 52, 66.
search 53.
seas 67.
seaside 66.
season 31, 53, 61, 68.
seat 33.
secrecy 36, 58.
secret 43.
sedate 58.
see 14, 33, 34.
seed 33.
seek 33, 34.
seeking 33.
sees 67.
seethe 69.
seine 54.
seize 18, 54.
senate 44.
separate 44, 58.
serene 44.
sergeant 45.
seven 44.
sevennight 69.
sever 43.
sew 23, 54.
sewer 54.
shadow 40.
shaken 41.
shall 14, 42.
shallow 39.
shalt 42.
shan't 38.
she 44.
shepherd 65.
shew 23, 54.
shiver 46.
shoe 20, 55.
shone 48.
shook 55.
should 20, 56, 65.
shoulder 55.
shove 50.
shovel 50.
show 54.

shower 55.
shrivel 46.
sick 33, 34.
sieve 18, 54.
sight 47.
sign 47, 64.
signal 45, 64.
signify 64.
signior 74.
silence 36, 46.
simile 72.
since 33.
sing 14, 65.
singe 64.
singer 65.
singing 65.
sinister 46.
sinks 66.
sins 33.
sir 18, 47.
sister 67.
sit 33.
skein 54.
slaver 40.
sledge 64.
sleight 23, 54.
sloth 49.
slough 64.
slovenly 50.
sluice 56.
smooth 69.
smother 50.
smoulder 55.
snivel 46.
so 48.
soar 21, 55.
sober 48.
social 60.
soften 69.
sojourn 17.
soldier 29, 49, 59.
solemn 47, 58, 65.
solicit 45.
solid 47.
some 49.
somerset 49.
son 17, 49.

soot 55.
soothe 55, 69.
sorrow 25, 47.
sorry 47.
sought 55.
soul 23, 55.
soup 75.
source 55, 66.
southerly 56.
southern 56, 69.
southward 69.
sovereign 59, 61.
sow 55.
spaniel 41.
Spanish 40.
special 45, 60.
species 72.
specious 45.
spell 66.
spider 46.
spirit 18, 45.
spiritual 59.
spoken 48.
sponge 49.
spoon 55.
spread 53.
spy 49.
squabble 42.
squadron 42.
squalid 42.
squalor 42.
squander 42.
stable 41.
stadium 72.
staff 16, 38.
staircase 58.
stalk 43.
star 37, 66.
stare 41.
starry 36, 37.
starve 37.
statue 40.
stature 40.
statute 40.
stead 53.
steady 53.
steak 53.

stealth 53.
stipend 72.
stir 47, 66.
stirrup 45.
stoic 48.
stolen 48.
stomach 49, 63.
stone 14.
stood 55.
straight 64.
strange 41.
strew 54.
strophe 73.
strow 54.
struggle 32.
student 73.
study 50.
stuffed 63.
stupid 50.
stye 57.
suavity 40, 56.
subtile 73.
subtle 62.
succumb 73.
suffice 62.
sufficient 59.
sugar 50, 66.
suit 56, 66.
suite 74.
sultana 74.
sun 16.
Sunday 58.
sure 34, 50, 66.
surtout 75.
swagger 42.
swallow 42.
swam 42.
swamp 42.
swan 42.
swarm 43.
swarthy 69.
swear 53.
sweat 53.
swinish 36.
swollen 49.
sword 69.
symbol 61.

synonymy 59.
system 73.

T.

table 41.
ta'en 52.
taken 32, 41, 61.
tale 62.
talent 39.
talk 43, 65.
tallow 39.
talon 39.
tansy 68.
taper 41.
to tarry 14, 39.
tarry, Adj. 37.
taught 21, 52.
tavern 39.
tax 39.
tear 53.
tedious 29, 45, 59.
telegraph 38, 58.
telescope 44.
temerity 25.
tempt 65.
tenant 43.
tenet 43.
tenor 43.
tenure 44.
tepid 43.
terrine 75.
thaler 74.
thank 19, 65, 69.
that 69.
the 44, 58, 69.
theatre 44.
theft 69.
their 54, 69.
them 69.
theme 18, 44.
there 19, 45, 66, 69.
these 44, 68.
thesis 74.
they 22, 54, 69.
thick 45, 63.
thief 18, 54.

thieves 62.
thigh 47.
thin 14, 69.
thirst 47.
this 14, 66, 69.
thistle 69.
thither 46, 69.
thorough 50, 60.
those 48.
though 55.
thought 55.
thousand 68.
thread 53.
threat 53.
threaten 53.
through 56.
three 54.
threepence 54.
Thursday 68.
thus 66.
thwart 43.
thyme 51.
tie 54.
tiger 46, 64.
time 14.
tinsel 67.
tipsy 67.
title 46.
to 50, 60.
tobacco 60.
to-day 60.
toe 23, 55.
together 24, 25, 44.
token 48.
told 23.
tolerable 48, 59.
tomato 74.
tomb 50, 62.
ton 49.
tongue 49.
too 55.
took 55.
tool 55.
tore 21, 49.
tortoise 60.
total 47.

wishes 62.
withal 42.
witch 63.
with 69.
wither 46.
wizard 45.
wolf 20, 50.
wollen 58.
woman 32, 50.
womb 50. 62.
women 50.
won 49.
wonder 49.
won't 49.
wont 49.
wood 55.

wool 55.
word 14. 50.
work 50.
world 50.
worm 18, 50.
worry 49.
worse 50.
worship 50.
worst 50.
worsted 50.
wort 50.
worth 50, 69.
worthy 50, 69.
would 20, 56,
65.
wound Verb. 55.

wound, Subst. 20,
56.
wrath 38.
wreathe 69.
wrestle 69.
wretch 63.
write 69.
wrong 69.

Y.

yacht 39, 63.
yard 57.
yea 52.
year 53.
yearn 53.
yellow 57.

yeoman 23. 54.
yield 57.
yoke 57.
yolk 65.
you 20, 27, 56.
young 56.
youngster 56.
your 56.
youth 56.
yule 57.

Z.

zeal 36, 70.
zealot 53.
zealous 36, 53.
zenith 72.

Druckfehler.

S. 44 Z. 15 v. u. *dẹv'il* lies *dẹv'l.*

- 51 - 11 v. u. typografie lies typographie.

- 63 - 17 v. o. *stọm'ək* lies *stɒm'ək.*

- 67 - 5 v. o. nach house ist hinzuzufügen (aber houses *hau'ziz*).

- 77ᵇ- 13 v. o. Mathew lies Matthew.

Folgende Wörter sind an den hier angeführten Stellen zu streichen: adieu
(S. 75 Z. 10 v. o.); idea (S. 44 Z. 6 v. u.); meteor (S. 59 Z. 19 v. o.); nymph
(S. 51 Z. 15 v. o.); oval (S. 47 Z. 6 v. u.); quotient (S. 57 Z. 1 v. o.); tor-
toise (S. 75 Z. 11 v. o.).